职业技能培训鉴定教材

ZHIYE JINENG PEIXUN JIANDING JIAOCAI

医药商品购销员

（基础知识）

YIYAO SHANGPIN GOUXIAOYUAN

主　编　张建华　周　令
副主编　吴志勇　程艳秋
编　者（按姓氏笔画排序）
　　　　吴志勇　张建华　周　令　袁金婵　贾秀萍
　　　　程艳秋　潘　平
主　审　王玉辉

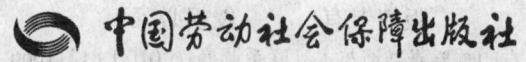
中国劳动社会保障出版社

图书在版编目(CIP)数据

医药商品购销员：基础知识/人力资源和社会保障部教材办公室组织编写．—北京：中国劳动社会保障出版社，2010

职业技能培训鉴定教材

ISBN 978-7-5045-8550-9

Ⅰ.①医… Ⅱ.①人… Ⅲ.①药品-购销-职业技能鉴定-教材 Ⅳ.①F763

中国版本图书馆 CIP 数据核字(2010)第 165320 号

中国劳动社会保障出版社出版发行

(北京市惠新东街 1 号 邮政编码：100029)

出 版 人：张梦欣

*

北京隆昌伟业印刷有限公司印刷装订 新华书店经销

787 毫米×960 毫米 16 开本 8 印张 154 千字

2010 年 8 月第 1 版 2020 年 12 月第 13 次印刷

定价：16.00 元

读者服务部电话：(010)64929211/84209101/64921644

营销中心电话：(010)64962347

出版社网址：http://www.class.com.cn

版权专有 侵权必究

如有印装差错，请与本社联系调换：(010)81211666

我社将与版权执法机关配合，大力打击盗印、销售和使用盗版图书活动，敬请广大读者协助举报，经查实将给予举报者奖励。

举报电话：(010)64954652

内容简介

本教材由人力资源和社会保障部教材办公室组织编写。教材以《国家职业标准·医药商品购销员》为依据,紧紧围绕"以企业需求为导向,以职业能力为核心"的编写理念,突出职业技能培训特色,满足职业技能培训与鉴定考核的需要。

本教材结合药品经营中的实际情况,根据医药商品购销员的职业性质和特点编写,突出介绍医药行业相关的法律知识、医学和药物基础知识,并介绍了医药商品购销员的职业道德和安全常识。全书分为五个模块单元,每一单元内容详细介绍了本职业岗位工作中要求掌握的最新实用知识,以帮助读者构建一个合理的医药商品营销知识体系,便于读者进一步提升营销技能,增强开拓市场的能力。单元后附有单元测试题及答案,供读者巩固、检验学习效果时参考使用。

本教材是医药商品购销员职业技能培训与鉴定考核用书,也可供相关人员参加就业培训、岗位培训和医药商品营销人员自学使用。

前　言

1994年以来，原国家劳动部门所属的职业技能鉴定中心、教材办公室和出版社组织有关方面专家，依据《中华人民共和国职业技能鉴定规范》，编写出版了职业技能鉴定教材及其配套的职业技能鉴定指导200余种，作为考前培训的权威性教材，受到全国各级培训、鉴定机构的欢迎，有力地推动了职业技能鉴定工作的开展。

原劳动保障部从2000年开始陆续制定、颁布了国家职业标准。同时，社会经济、技术不断发展，企业对劳动力素质提出了更高的要求。为了适应新形势，为各级培训、鉴定部门和广大受培训者提供优质服务，教材办公室组织有关专家、技术人员和职业培训教学管理人员、教师，依据国家职业标准和企业对各类技能人才的需求，研发了职业技能培训鉴定教材。

新编写的教材具有以下主要特点：

在编写原则上，突出以职业能力为核心。教材编写贯穿"以职业标准为依据，以企业需求为导向，以职业能力为核心"的理念，依据国家职业标准，结合企业实际，反映岗位需求，突出新知识、新技术、新工艺、新方法，注重职业能力培养。凡是职业岗位工作中要求掌握的知识和技能，均作详细介绍。

在使用功能上，注重服务于培训和鉴定。根据职业发展的实际情况和培训需求，教材力求体现职业培训的规律，反映职业技能鉴定考核的基本要求，满足培训对象参加各级各类鉴定考试的需要。

在编写模式上，采用分级模块化编写。纵向上，教材按照国家职业资格等级单独成册，各等级合理衔接、步步提升，为技能人才培养搭建科学的阶梯型培训架构。横向上，教材按照职业功能分模块展开，安排足量、适用的内容，贴近生产实际，贴近培训对象需要，贴近市场需求。

在内容安排上，增强教材的可读性。为便于培训、鉴定部门在有限的时间内把最重要的知识和技能传授给培训对象，同时也便于培训对象迅速抓住重点，提高学习效率，在教材中精心设置了"培训目标"等栏目，以提示应该达到的目标，需要掌握的重点、难点、鉴定点和有关的扩展知识。另外，每个学习单元后安排了单元测试题，每个级别的教材都提供了理论知识和操作技能考核试卷，方便培训对象及时巩固、检验学习效果，并对本职业鉴定考核形式有初步的了解。

编写教材有相当的难度。由于时间仓促，缺乏经验，不足之处在所难免，恳切希望各使用单位和读者对教材提出宝贵意见，以便修订时加以完善。

人力资源和社会保障部教材办公室

目 录

第1单元 职业道德/1—7

第一节 职业道德基本知识 /2
一、职业道德的基本要素
二、职业道德的特征

第二节 医药行业职业道德与医药商品购销员职业守则 /4
一、医药行业职业道德
二、医药商品购销员职业守则

单元测试题 /6
单元测试题答案 /7

第2单元 相关法律知识/8—38

第一节 《中华人民共和国药品管理法》相关规定 /9
一、药品生产和经营企业管理
二、药品管理
三、药品包装的管理
四、药品价格和广告的管理
五、药品监督方面的管理

第二节 药品经营质量管理规范 /14
一、药品批发的质量管理
二、药品零售的质量管理

第三节 《中华人民共和国产品质量法》相关规定 /18
  一、产品质量的监督
  二、生产者的产品质量责任和义务
  三、销售者的产品质量责任和义务
  四、损害赔偿
  五、法律责任

第四节 《中华人民共和国消费者权益保护法》相关规定 /23
  一、消费者的权利
  二、经营者的义务
  三、争议的解决与法律责任

第五节 《中华人民共和国反不正当竞争法》相关规定 /27
  一、限制竞争行为
  二、不正当竞争行为
  三、监督检查
  四、不正当竞争行为的法律责任

第六节 《中华人民共和国劳动合同法》相关规定 /32
  一、劳动合同的订立
  二、劳动合同的履行和变更
  三、劳动合同的解除和终止
  四、监督检查
  五、法律责任

单元测试题 /37
单元测试题答案 /38

第3单元 医学基础知识/39—84

第一节 人体的构成 /40
  一、概述
  二、人体各系统构成及基本功能

第二节 病原微生物 /58
  一、细菌
  二、真菌

三、病毒

四、其他微生物

第三节 人体免疫功能 /74

一、抗原

二、抗体

三、免疫应答

四、人体免疫功能与疾病

单元测试题 /83

单元测试题答案 /84

第4单元 药物基础知识/85—110

第一节 药物的分类及制剂特点 /86

一、药物的分类

二、药物的剂型

第二节 药物的体内过程 /92

一、基本概念

二、药物代谢动力学主要参数

第三节 药物的作用 /95

一、药物的基本作用和治疗作用

二、药物作用的主要类型

第四节 影响药物作用的因素 /97

一、药物方面的因素

二、机体方面的因素

三、给药方法因素

第五节 药品的质量标准 /101

一、药品质量的概念及药品质量指标

二、药品质量标准的制定原则

三、药品质量标准的内容

第六节 药品包装与标志 /102

一、药品包装的基本要求

二、药品包装的类别、材料及容器

三、药品包装上的标志

四、药品说明书

单元测试题 /109

单元测试题答案 /110

第5单元 安全知识/111—117

第一节 消防知识 /112

一、燃烧的条件

二、火灾的种类

三、引起火灾的原因

四、常见灭火器的适用范围和使用方法

五、防火工作的基本措施

第二节 安全用电 /115

一、安全用电注意事项

二、发生触电时现场急救方法

单元测试题 /116

单元测试题答案 /117

第 1 单元

职业道德

- 第一节 职业道德基本知识 /2
- 第二节 医药行业职业道德与医药商品购销员职业守则 /4

第一节 职业道德基本知识

→ 熟悉职业道德的含义
→ 掌握基本要素和特征

职业道德是从事一定职业的人们在职业活动中应该遵循的,依靠社会舆论、传统习惯和内心信念来维持的行为规范的总和。它调节从业人员与服务对象、从业人员之间、从业人员与职业之间的关系。它是职业或行业范围内的特殊要求,是社会道德在职业领域的具体体现。

一、职业道德的基本要素

1. 职业理想

即人们对职业活动目标的追求和向往,是人们的世界观、人生观、价值观在职业活动中的集中体现。它是形成职业态度的基础,是实现职业目标的精神动力。

2. 职业态度

即人们在一定社会环境的影响下,通过职业活动和自身体验所形成的、对岗位工作的一种相对稳定的劳动态度和心理倾向。它是从业者精神境界、职业道德素质和劳动态度的重要体现。

3. 职业义务

即人们在职业活动中自觉地履行对他人、社会应尽的职业责任。我国的每一个从业者都有维护国家、集体利益,为人民服务的职业义务。

4. 职业法纪

即从业者在岗位工作中必须遵守的法律、法规、规章、制度等职业行为规范。例如国家公务员必须廉洁自律、甘当公仆,公安、检察、司法人员必须秉公执法、铁面无私等。这些规定和遵纪守法的要求,都是从业者做好本职工作的必要条件。

5. 职业良心

即从业者在履行职业义务中所形成的对职业责任的自觉意识和自我评价活动。人们所从事的职业和岗位不同,其职业良心的表现形式也往往不同。例如,商业人员的职业良心是"诚实无欺",医生的职业良心是"治病救人",从业人员能做到这些,心里就会得到慰藉;反之,内心则会产生不安和愧疚感。

6. 职业荣誉

即社会对从业者职业道德活动的价值所做出的褒奖和肯定评价,以及从业者在主观认识上对自己职业道德活动的一种自尊、自爱的荣辱意向。当一个从业者职业行为的社会价值赢得社会公认时,就会由此产生荣誉感;反之,就会产生耻辱感。

7. 职业作风

即从业者在职业活动中表现出来的相对稳定的工作态度和职业风范。从业者在职业岗位中表现出来的尽职尽责、诚实守信、奋力拼搏、艰苦奋斗的作风等,都属于职业作风。职业作风是一种无形的精神力量,对其所从事事业的成功具有重要作用。

二、职业道德的特征

职业道德作为职业行为的准则之一,与其他职业行为准则相比,体现出以下特征:

1. 鲜明的行业性

行业之间存在差异,各行各业都有特殊的道德要求。例如,商业领域对从业者的道德要求是"买卖公平,童叟无欺",会计行业的职业道德要求是"不做假账",驾驶人员职业道德要求是"遵守交规、文明行车",等等,这些都是职业道德行业性特征的表现。

2. 适用范围上的有限性

一方面职业道德一般只适用于从业人员的岗位活动,另一方面不同的职业道德之间也有共同的特征和要求,存在共通的内容,如敬业、诚信、互助等,但在某一特定行业和具体的岗位上,必须有与该行业、该岗位相适应的具体的职业道德规范。这些特定的规范只在特定的职业范围内起作用,只能对从事该行业和该岗位的从业人员具有指导和规范作用,而不能对其他行业和岗位的从业人员起作用。例如,律师的职业道德要求对其当事人必须努力进行辩护,而警察则要尽力去搜寻犯罪嫌疑人的犯罪证据。可见,职业道德的适用范围不是普遍的,而是特定的、有限的。

3. 表现形式的多样性

职业领域的多样性决定了职业道德表现形式的多样性。随着社会经济的高速发展,社会分工将越来越细,越来越专,职业道德的内容也必然千差万别。各行各业为适应本行业的行业公约、规章制度、员工守则、岗位职责等要求,都会将职业道德的基本要求规范化、具体化,使职业道德的具体规范和要求呈现出多样性。

4. 一定的强制性

职业道德除了通过社会舆论和从业人员的内心信念来对其职业行为进行调节外,它与职业责任和职业纪律也紧密相连。职业纪律属于职业道德的范畴,当从业人员违反了具有一定法律效力的职业章程、职业合同、职业责任、操作规程,给企业和社会带来损失和危害时，职业道德就将用其具体的评价标准，对违规者进行处罚，轻则受到经济和纪律处罚，重则移交司法机关，由法律来进行制裁。这就是职业道德强制性的表现所在。但在这里需要注意的是，职业道德本身并不存在强制性，而是其总体要求与职业纪律、行业法规具有重叠内容，一旦从业人员违背了这些纪律和法规，除了受到职业道德的谴责外，还要受到纪律和法律的处罚。

5. 相对稳定性

职业一般处于相对稳定的状态，决定了反映职业要求的职业道德必然处于相对稳定的状态。如商业行业"童叟无欺"的职业道德、医疗卫生行业"救死扶伤、治病救人"的职业道德等，千百年来为从事相关行业的人们所传承和遵守。

6. 利益相关性

职业道德与物质利益具有一定的关联性。利益是道德的基础，各种职业道德规范及表现状况，关系到从业人员的利益。对于爱岗敬业的员工，单位不仅应该给予精神方面的鼓励，也应该给予物质方面的褒奖；相反，违背职业道德、漠视工作的员工则会受到批评，严重者还会受到纪律的处分，甚至法律的制裁。一般情况下，当企业将职业道德规范，如爱岗敬业、诚实守信、团结互助、勤劳节俭等纳入企业管理时，都要将它与自身的行业特点、要求紧密结合在一起，变成更加具体、明确、严格的岗位责任或岗位要求，并制定出相应的奖励和处罚措施，与从业人员的物质利益挂钩，强调责、权、利的有机统一，便于监督、检查、评估，以促进从业人员更好地履行自己的职业责任和义务。

第二节 医药行业职业道德与医药商品购销员职业守则

→ 掌握医药行业职业道德的基本原则和基本守则
→ 掌握医药商品购销员的职业守则

一、医药行业职业道德

医药行业职业道德是医药行业从业人员所具备的思想品质，是医药行业从业人员与病人、社会以及医药行业从业人员之间关系的总和。医药行业职业道德是为加强卫生系统社会主义精神文明建设,提高医药行业人员的职业道德素质,改善和提高医疗服务质量而制定和实施的。

1. 基本原则

医药行业职业道德基本原则的核心问题是救死扶伤,防病治病,实行人道主义,全心全意为人民服务。这一表述对医药商品购销员来说体现在以下两点:

第一,从社会责任的角度来看,医药商品购销员的职业道德,应该表现在对药品的选择上。一个有职业道德的医药商品购销员所选择推广的药品应该是具有推广价值的药品。一个有良好职业道德的医药商品购销员不应该推广假冒伪劣的药品、明显价格虚高的药品和有明显缺陷的药品。

第二,医药商品购销员的职业道德还应该表现在介绍药品时严谨求实的风格上。一个有职业道德的医药商品购销员应该本着实事求是的原则推荐药品,不应该有隐瞒严重缺陷、夸大疗效、虚报含量和其他技术指标的行为,不应该为了追求销量而误导用药。

2. 基本守则

医药行业职业道德的基本守则具体表现如下:

(1) 以病人利益为最高标准。医药行业职业道德是社会高尚道德在医药工作中的特殊表现,必须以病人利益为最高标准,这是区别于其他职业道德的根本特征。

(2) 以全心全意为人民服务为宗旨。全心全意为人民服务是医药行业职业道德各项规范的根本宗旨。

(3) 以人道主义为原则。医药行业职业道德要求每个医药行业人员尽可能地去关心、尊敬、爱护、同情和帮助那些身受疾病困扰的患者。

(4) 以对个人和社会负责为目标。按照社会道德要求,医药行业人员不仅要重视对自己的服务对象承担道德责任,而且要承担社会责任,实现两者的一致性,以促进社会的进步。

二、医药商品购销员职业守则

1. 遵纪守法,爱岗敬业

遵纪守法就是指每个从业人员都要遵守国家规定的纪律和法律,尤其是要遵守职业纪律与职业活动相关的法律、法规。药品销售行业同其他行业一样,有一系列法律、法规和职业纪律约束,由于医药商品的特殊性,更必须有一些具体的医药法规来控制其职业行为。如对医药商品生产、流通、销售、储存等环节都有明确的国家、部门法律、法规来控制和管理,从事医药行业的人员都必须坚决遵守。这些法律法规主要有:《中华人民共和国药品管理法》、《药品生产质量管理规范》(简称 GMP)、《药品经营质量管理规范》(简称 GSP)、《中药材生产质量管理规范》(简称 GAP) 等许多法律规范。在医药商品经营活动中,为了维持正常的医药商品经营秩序,医药商品购销员还必须遵守国家制定的相关法律法规和规章,如《中华人民共和国广告法》《医疗广告管理办法》《医疗器械广告管理办法》《中华人民共和国消费者权益保护法》《中华人民共和国反不正当竞争法》等,以规范药品销售活动中的各种行为。

爱岗敬业是一项最基本的职业道德规范,是对从业人员职业态度的基本要求。医药商品经营是一个特殊的行业,其从业人员的行为关系到人民群众的健康。面对我国人民群众的健康状况和人民群众对医药的需求,医药商品购销员要以自身职业道德原则、规范为准则,遵守法纪、爱岗敬业,依法经营医药商品,在职业行为中严肃认真,一丝不苟,谨慎经营,向人民负责。

2. 质量为本,真诚守信

质量为本是医药商品购销员职业道德规范的重要内容,也是评价职业活动的主要根据。医药产品是保障人们身心健康的特殊产品,高质量的药品可以治病,伪劣药品可能造成中毒或死亡等医疗事故。医药从业人员要以为人民健康负责的精神,把药品质量放在第一位,熟悉药物知识,提高药学知识水平,坚决防止销售假、劣、伪药,保证向顾客提供有效、适用、经济、安全的药品。

真诚守信是做人的基本准则。真诚是人的一种道德品质,要求医药商品购销员在职业活动中诚实劳动、合法经营、信守承诺,在商业交往中光明磊落、不玩弄花招、欺骗他人。守信就是信守诺言、讲信誉、重信用,忠实履行自己承担的义务。在职业活动中如果失去了人们的信任,就会失去社会的支持,失去成长和发展的机遇。特别是在医药商品交易中,要真实无欺、遵守承诺,以维护医药商业企业的信誉和正常运行。

3. 急人所难,救死扶伤

急人所难,救死扶伤是医药商品购销员基本的职业道德规范和准则。医药商品购销员要对患者一视同仁,把患者利益放在第一位,对病患有同情心、责任心。要努力学习,不断提高自己的业务水平,要熟悉有关药品销售知识,掌握销售技能,为患者提供更好的服务。在服务中做到尊重顾客、急顾客所急。

4. 文明经商,热情服务

文明经商就是要求医药商品购销员严守商业信用,诚信无欺,公平交易,实事求是地介绍商品,严格执行国家价格政策。

热情服务就是要求在医药商品经营活动中一切从群众的利益出发,为顾客着想,为顾客办事,帮助顾客解决用药疑难问题,提供高质量的服务。

单元测试题

一、填空题(请将正确的答案填在横线空白处)

1. 医药行业职业道德是指_____。

2. 医药行业职业道德基本原则的核心是_____。
3. 医药商品购销员的职业守则包括_____、_____、_____、_____。

二、简答题
1. 医药商品购销员的职业守则是什么？
2. 请说明职业道德的含义。

单元测试题答案

一、填空题
1. 医药商品购销员所具备的思想品质　2. 救死扶伤，防病治病，实行人道主义，全心全意为人民服务　3. 遵纪守法，爱岗敬业　质量为本，真诚守信　急人所难，救死扶伤　文明经商，热情服务

二、简答题
略。

相关法律知识

- 第一节 《中华人民共和国药品管理法》相关规定/9
- 第二节 药品经营质量管理规范/14
- 第三节 《中华人民共和国产品质量法》相关规定/18
- 第四节 《中华人民共和国消费者权益保护法》相关规定/23
- 第五节 《中华人民共和国反不正当竞争法》相关规定/27
- 第六节 《中华人民共和国劳动合同法》相关规定/32

相关法律知识

医药商品购销员应该熟悉与所从事工作和自身利益有关的法律法规，如《中华人民共和国药品管理法》《中华人民共和国药品管理法实施条例》《中华人民共和国药品经营质量管理规范》《中华人民共和国产品质量法》《中华人民共和国消费者权益保护法》《中华人民共和国反不正当竞争法》《中华人民共和国劳动合同法》等。

医药商品购销员学习法律法规知识可以不断增强法律意识，维护医药市场稳定，促进规范管理，依法执业，减少纠纷、事故的发生，保证人民群众的用药质量和用药安全。

第一节 《中华人民共和国药品管理法》相关规定

单元 2

培训目标
→ 掌握假药、劣药的界定及药品生产、经营企业的管理规定
→ 熟悉药品包装、价格及广告的管理

《中华人民共和国药品管理法》（以下简称《药品管理法》）是专门规范药品研制、生产、经营、使用和监督管理的法律。下面主要从药品生产和经营企业管理，药品管理，药品的包装、价格、广告、监督等方面介绍药品管理法的内容。

一、药品生产和经营企业管理

1. 药品生产企业管理

《药品管理法》规定了开办药品生产企业的基本条件和审批程序，核发《药品生产许可证》应遵循的原则，对企业生产药品以及生产药品所需要原料、辅料的基本要求提出具体规定。这些规定都是为了保证药品质量和人民用药安全有效，从执法的角度配合宏观经济主管部门促进医药事业健康发展。

（1）开办药品生产企业必须具备的条件

1）具有依法经过资格认定的药学技术人员、工程技术人员及相应的技术工人。

2）具有与其药品生产相适应的厂房、设施和卫生环境。

3）具有能对所生产药品进行质量管理和质量检验的机构、人员以及必要的仪器设备。

4）具有保证药品质量的规章制度。

(2) 开办药品生产企业的审批程序。开办药品生产企业，须经企业所在地省、自治区、直辖市人民政府药品监督管理部门批准并发给《药品生产许可证》，凭《药品生产许可证》到工商行政管理部门办理登记注册。无《药品生产许可证》的，不得生产药品。《药品生产许可证》应当标明有效期和生产范围，到期重新审查发证。

2. 药品经营企业管理

药品经营企业包括药品批发企业和药品零售企业，其药品经营条件、经营行为对药品质量、合理用药及群众用药的安全、有效性具有重要影响。因此，为了保证药品经营质量、保证人民用药安全，政府必须依据法律规定的条件对药品经营企业的开办进行事前审查批准，并对其日常经营行为进行必要的规范和监管。

(1) 开办药品经营企业必须具备的条件

1) 具有依法经过资格认定的药学技术人员。

2) 具有与所经营药品相适应的营业场所、设备、仓储设施、卫生环境。

3) 具有与所经营药品相适应的质量管理机构或者人员。

4) 具有保证所经营药品质量的规章制度。

(2) 开办药品经营企业的审批程序。开办药品批发企业，须经企业所在地省、自治区、直辖市人民政府药品监督管理部门批准并发给《药品经营许可证》；开办药品零售企业，须经企业所在地县级以上地方药品监督管理部门批准并发给《药品经营许可证》，凭《药品经营许可证》到工商行政管理部门办理登记注册。无《药品经营许可证》的，不得经营药品。《药品经营许可证》应当标明有效期和经营范围，到期重新审查发证。

(3) 药品经营企业经营行为的有关规定

1) 药品经营企业购进药品，必须建立并执行进货检查验收制度，验明药品合格证明和其他标志；不符合规定要求的，不得购进。

2) 药品经营企业购销药品，必须有真实完整的购销记录。购销记录必须注明药品的通用名称、剂型、规格、批号、有效期、生产厂商、购（销）货单位、购（销）货数量、购销价格、购（销）货日期及国务院药品监督管理部门规定的其他内容。

3) 药品经营企业销售药品必须准确无误，并正确说明用法、用量和注意事项；调配处方必须经过核对，对处方所列药品不得擅自更改或者代用。对有配伍禁忌或者超剂量的处方，应当拒绝调配；必要时，经处方医师更正或者重新签字方可调配。药品经营企业销售中药材，必须标明产地。

4) 药品经营企业必须制定和执行药品保管制度，采取必要的冷藏、防冻、防潮、防虫、防鼠等措施，保证药品质量。药品入库和出库必须执行检查制度。

3. 法律责任和处罚

未取得《药品生产许可证》《药品经营许可证》或者《医疗机构制剂许可证》生产药品、经营药品的，依法予以取缔，没收违法生产、销售的药品和违法所得，并处违法生产、销售的药品（包括已售出的和未售出的药品）货值金额2倍以上5倍以下的罚款；构成犯罪的，依法追究刑事责任。

二、药品管理

　　药品管理是《药品管理法》的重要部分，它对《药品管理法》调整的主要对象"药品"本身提出了具体的、基本的要求。其内容涉及药品的研制、生产直到临床使用的全过程，是对药品实施监督管理的最基本的规定，是保证药品质量，增进药品疗效，保障人民用药安全，维护人民健康的关键部分。药品管理主要包括药品临床前研究和药品临床试验研究、药品的审评（含对新药的审评、对已批准生产药品的再评价）、药品的生产（药品的质量标准，药品标准品、对照品，批准文号管理、药品通用名称及商品名称）、药品的购进、对假药和劣药的界定，以及对一些药品实施特殊的管理办法，如麻醉药品、精神药品、医疗用毒性药品、放射性药品等相当广泛的内容。

　　1. 假药的界定

　　（1）有下列情形之一的，为假药：

　　1）药品所含成分与国家药品标准规定的成分不符的；

　　2）以非药品冒充药品或者以他种药品冒充此种药品的。

　　（2）有下列情形之一的药品，按假药论处：

　　1）国务院药品监督管理部门规定禁止使用的；

　　2）依照《药品管理法》必须批准而未经批准生产、进口，或者依照本法必须检验而未经检验即销售的；

　　3）变质的；

　　4）被污染的；

　　5）使用依照《药品管理法》必须取得批准文号而未取得批准文号的原料药生产的；

　　6）所标明的适应证或者功能主治超出规定范围的。

　　2. 劣药的界定

　　药品成分的含量不符合国家药品标准的，为劣药。禁止生产（包括配制）、销售劣药。有下列情形之一的药品，按劣药论处：

　　（1）未标明有效期或者更改有效期的；

　　（2）不注明或者更改生产批号的；

　　（3）超过有效期的；

　　（4）直接接触药品的包装材料和容器未经批准的；

　　（5）擅自添加着色剂、防腐剂、香料、矫味剂及辅料的；

　　（6）其他不符合药品标准规定的。

　　3. 生产和销售假药、劣药的处罚

(1) 禁止生产（包括配制）、销售假药。生产、销售假药的，没收违法生产、销售的药品和违法所得，并处违法生产、销售药品货值金额2倍以上5倍以下的罚款；有药品批准证明文件的予以撤销，并责令停产、停业整顿；情节严重的，吊销《药品生产许可证》《药品经营许可证》或者《医疗机构制剂许可证》；构成犯罪的，依法追究刑事责任。

(2) 禁止生产（包括配制）、销售劣药。生产、销售劣药的，没收违法生产、销售的药品和违法所得，并处违法生产、销售药品货值金额1倍以上3倍以下的罚款；情节严重的，责令停产、停业整顿或者撤销药品批准证明文件、吊销《药品生产许可证》《药品经营许可证》或者《医疗机构制剂许可证》；构成犯罪的，依法追究刑事责任。

(3) 从事生产、销售假药及生产、销售劣药情节严重的企业或者其他单位，其直接负责的主管人员和其他直接责任人员10年内不得从事药品生产、经营活动。对生产者专门用于生产假药、劣药的原辅材料、包装材料、生产设备，予以没收。

三、药品包装的管理

《药品管理法》对直接接触药品的包装材料和容器、药品包装、药品标签和说明书三方面的监督管理作了详细的规定。

1. 直接接触药品的包装材料和容器的规定

直接接触药品的包装材料和容器，必须符合药用要求，符合保障人体健康、安全的标准，并由药品监督管理部门在审批药品时一并审批。药品生产企业不得使用未经批准的直接接触药品的包装材料和容器。对不合格的直接接触药品的包装材料和容器，由药品监督管理部门责令停止使用。

2. 药品包装的规定

药品包装必须适合药品质量的要求，方便储存、运输和医疗使用。发运中药材必须有包装。在每件包装上，必须注明品名、产地、日期、调出单位，并附有质量合格的标志。

3. 药品标签和说明书的规定

药品包装必须按照规定印有或者贴有标签并附有说明书。标签或者说明书上必须注明药品的通用名称、成分、规格、生产企业、批准文号、产品批号、生产日期、有效期、适应证或者功能主治、用法、用量、禁忌、不良反应和注意事项。麻醉药品、精神药品、医疗用毒性药品、放射性药品、外用药品和非处方药的标签，必须印有规定的标志。

四、药品价格和广告的管理

《药品管理法》规定了政府价格主管部门对药品价格的管理，明确药品生产企业、经营企业和医疗机构必须遵守有关价格管理的规定，禁止暗中给予、收受回扣等违法行为；并规定药品广告须经药品监督管理部门批准，取得批准文号，规范了药品广告的管理。

（1）依法实行市场调节价的药品，药品的生产企业、经营企业和医疗机构应当按照公平、合理和诚实守信、质价相符的原则制定价格，为用药者提供价格合理的药品。药品的生产企业、经营企业和医疗机构应当遵守国务院价格主管部门关于药价管理的规定，制定和标明药品零售价格，禁止暴利和损害用药者利益的价格欺诈行为。

（2）禁止药品的生产企业、经营企业和医疗机构在药品购销中账外暗中给予、收受回扣或者其他利益。禁止药品的生产企业、经营企业或者其代理人以任何名义给予使用其药品的医疗机构的负责人、药品采购人员、医师等有关人员以财物或者其他利益。禁止医疗机构的负责人、药品采购人员、医师等有关人员以任何名义收受药品的生产企业、经营企业或者其代理人给予的财物或者其他利益。

药品的生产企业、经营企业、医疗机构在药品购销中暗中给予、收受回扣或者其他利益的，药品的生产企业、经营企业或者其代理人给予使用其药品的医疗机构的负责人、药品采购人员、医师等有关人员以财物或者其他利益的，由工商行政管理部门处1万元以上20万元以下的罚款，有违法所得的，予以没收；情节严重的，由工商行政管理部门吊销药品生产企业、药品经营企业的营业执照，并通知药品监督管理部门，由药品监督管理部门吊销其《药品生产许可证》《药品经营许可证》；构成犯罪的，依法追究刑事责任。

（3）药品广告的内容必须真实、合法，以国务院药品监督管理部门批准的说明书为准，不得含有虚假的内容。药品广告不得含有不科学的表示功效的断言或者保证；不得利用国家机关、医药科研单位、学术机构或者专家、学者、医师、患者的名义和形象作证明。非药品广告不得有涉及药品的宣传。

五、药品监督方面的管理

《药品管理法》规定了药品监督管理部门和药品检验机构在药品管理工作中所应负的责任、拥有的权利和义务，规定了药品监督管理部门行使行政强制措施和紧急控制措施的情形；设定了药品质量公告和对药品检验结果的申请复验及不良反应报告制度；明确了药品检验部门对药品生产经营企业的业务指导关系。

1. 对药品质量进行抽查抽验的规定

药品监督管理部门根据监督检查的需要，可以对药品质量进行抽查检验。抽查检验应当按照规定抽样，并不得收取任何费用。所需费用按照国务院规定列支。药品监督管理部门对有证据证明可能危害人体健康的药品及其有关材料可以采取查封、扣押的行政强制措施，并在7日内作出行政处理决定；药品需要检验的，必须自检验报告书发出之日起15日内作出行政处理决定。

2. 对检验结果复验的规定

当事人对药品检验机构的检验结果有异议的，可以自收到药品检验结果之日起7日内向原药品检验机构或者上一级药品监督管理部门设置或者确定的药品检验机构申请复验，也可以直接向国务院药品监督管理部门设置或者确定的药品检验机构申请复验。受理复验的药品检验机构必须在国务院药品监督管理部门规定的时间内作出复验结论。

3. 国家实行药品不良反应报告制度

药品生产企业、药品经营企业和医疗机构必须经常考察本单位所生产、经营、使用的药品质量、疗效和反应。发现可能与用药有关的严重不良反应，必须及时向当地省、自治区、直辖市人民政府药品监督管理部门和卫生行政部门报告。具体办法由国务院药品监督管理部门会同国务院卫生行政部门制定。对已确认发生严重不良反应的药品，国务院或者省、自治区、直辖市人民政府的药品监督管理部门可以采取停止生产、销售、使用的紧急控制措施，并应当在5日内组织鉴定，自鉴定结论作出之日起15日内依法作出行政处理决定。

单元 2 第二节 药品经营质量管理规范

培训目标
→ 掌握药品销售与服务的要求，药品陈列与储存的要求
→ 熟悉人员与培训的要求，营业场所和仓库的要求
→ 了解药品零售连锁企业的含义，药品零售连锁企业的机构组成

为加强药品经营质量管理，保证人民用药安全有效，依据《药品管理法》等有关法律、法规，2000年3月17日经国家药品监督管理局局务会审议通过，《药品经营质量管理规范》发布，自2000年7月1日起施行。药品经营企业应在药品的购进、储运和销售等环节实行质量管理，建立包括组织结构、职责制度、过程管理和设施设备等方面的质量体系，并使之有效运行。

一、药品批发的质量管理

1. 管理职责

（1）企业主要负责人。应保证企业执行国家有关法律、法规及本规范，对企业经营药品的质量负领导责任。

（2）质量领导组织。企业应建立以企业主要负责人为首的质量领导组织。其主要职责是：建立企业的质量体系，实施企业质量方针，并保证企业质量管理工作人员行使职权。

（3）质量管理机构。企业应设置专门的质量管理机构，行使质量管理职能，在企业内部对药品质量具有裁决权。

（4）验收、养护等组织。企业应设置与经营规模相适应的药品检验部门和验收、养护等组织。药品检验部门和验收组织应隶属于质量管理机构。

2. 进货

（1）以质量为前提。企业应把质量放在选择药品和供货单位条件的首位，制定能够确保购进的药品符合质量要求的进货程序。

（2）基本条件。购进的药品应符合以下基本条件：

1）合法企业所生产或经营的药品。

2）具有法定的质量标准。

3）除国家未规定的以外，应有法定的批准文号和生产批号。进口药品应有符合规定的、加盖了供货单位质量检验机构原印章的《进口药品注册证》和《进口药品检验报告书》复印件。

4）包装和标志符合有关规定和储运要求。

5）中药材应标明产地。

3. 验收检验

药品质量验收的要求如下：

（1）严格按照法定标准和合同规定的质量条款对购进药品、销后退回药品的质量进行逐批验收。

（2）验收时应同时对药品的包装、标签、说明书以及有关要求的证明或文件进行逐一检查。

（3）验收抽取的样品应具有代表性。

（4）验收应按有关规定做好验收记录。验收记录应保存至超过药品有效期1年，但不得少于3年。

（5）验收首营品种，还应进行药品内在质量的检验。

（6）验收应在符合规定的场所进行，在规定时限内完成。

仓库保管员凭验收员签字或盖章收货。对货与单不符、质量异常、包装不牢或破损、标志模糊等情况，有权拒收并报告企业有关部门处理。

4. 储存养护

药品应按规定的储存要求专库、分类存放。储存中应遵守以下几点：

（1）药品按温、湿度要求储存于相应的库中。

（2）在库药品均应实行色标管理。

（3）搬运和堆垛应严格遵守药品外包装图示标志的要求，规范操作。怕压药品应控制堆放高度，定期翻垛。

（4）药品与仓间地面、墙、顶、散热器之间应有相应的间距或隔离措施。

（5）药品应按批号集中堆放。有效期的药品应分类相对集中存放，按批号及有效期远近依次或分开堆码并有明显标志。

（6）药品与非药品、内用药与外用药、处方药与非处方药之间应分开存放；易串味的药品、中药材、中药饮片以及危险品等应与其他药品分开存放。

（7）麻醉药品、一类精神药品、医疗用毒性药品、放射性药品应当专库或专柜存放，双人双锁保管，专账记录。

5. 出库运输

（1）药品出库应进行复核和质量检查。麻醉药品、一类精神药品、医疗用毒性药品应建立双人核对制度。

（2）药品出库应做好药品质量跟踪记录，以保证能快速、准确地进行质量跟踪。记录应保存至超过药品有效期1年，但不得少于3年。

（3）对有温度要求的药品的运输，应根据季节温度变化和运程采取必要的保温或冷藏措施。

（4）麻醉药品、一类精神药品、医疗用毒性药品和危险品的运输应按有关规定办理。

6. 销售和售后服务

（1）销售人员应正确介绍药品，不得虚假夸大和误导用户。

（2）销售应开具合法票据，并按规定建立销售记录，做到票、账、货相符。销售票据和记录应按规定保存。

（3）对质量查询、投诉、抽查和销售过程中发现的质量问题要查明原因，分清责任，采取有效的处理措施，并做好记录。

（4）企业已售出的药品如发现质量问题，应向有关管理部门报告，并及时追回药品和做好记录。

二、药品零售的质量管理

1. 人员与培训

（1）药品零售中处方审核人员应是执业药师或有药师及以上（含药师和中药师）的专业技术职称。

（2）企业的质量管理和药品检验人员应具有药学或相关专业的学历，或者具有药学专业的技术职称。

（3）企业从事质量管理、检验、验收、保管、养护、营业等工作的人员应经过专业培训，考核合格后持证上岗。国家有就业准入规定的岗位，工作人员需通过职业技能鉴定并取得职业资格证书后方可上岗。

（4）企业每年应组织直接接触药品的人员进行健康检查，并建立健康档案。发现患有精神病、传染病和其他可能污染药品疾病的人员，应及时调离其工作岗位。

2. 设施设备

（1）营业场所和药品仓库的要求。药品零售企业应有与经营规模相适应的营业场所和药品仓库，并且环境整洁、无污染物。企业的营业场所、仓库、办公生活等区域应分开。

（2）营业场所和药品仓库配置设备的要求。药品零售企业在营业场所和药品仓库中应配置以下设备：

1）便于药品陈列展示的设备。

2）特殊管理药品的保管设备。

3）符合药品特性要求的常温、阴凉和冷藏保管的设备。

4）必要的药品检验、验收、养护的设备。

5）检验和调节温、湿度的设备。

6）保持药品与地面之间有一定距离的设备。

7）药品防尘、防潮、防污染和防虫、防鼠、防霉变等设备。

8）经营中药饮片所需的调配处方和临方炮制的设备。

此外，药品零售连锁企业应设立与经营规模相适应的配送中心，其仓储、验收、检验、养护等设施要求与同规模的批发企业相同。零售连锁门店的药品陈列、保管等设备要求应与零售企业相同。

3. 进货验收

（1）购进药品应有合法票据，并按规定建立购进记录，做到票、账、货相符。购进票据和记录应保存至超过药品有效期1年，但不得少于2年。

（2）验收人员对购进的药品，应根据原始凭证，严格按照有关规定逐批验收并记录；必要时应抽样送检验机构检验。

（3）验收药品质量时，应按规定同时检查包装、标签、说明书等项内容。

4. 陈列储存

药品应按剂型或用途以及储存要求分类陈列和储存：

（1）药品与非药品、内服药与外用药应分开存放，易串味的药品与一般药品应分开存放。

（2）药品应根据其温湿度要求，按照规定的储存条件存放。

（3）处方药与非处方药应分柜摆放。

（4）特殊管理的药品应按照国家的有关规定存放。

(5) 危险品不应陈列。如因需要必须陈列时，只能陈列代用品或空包装。危险品的储存应按国家有关规定管理和存放。

(6) 拆零药品应集中存放于拆零专柜，并保留原包装的标签。

(7) 中药饮片装斗前应做质量复核，不得错斗、串斗，防止混药。饮片斗前应写正名正字。

5. 销售服务

(1) 销售药品要严格遵守有关法律、法规和制度，正确介绍药品的性能、用途、禁忌及注意事项。

(2) 销售药品时，处方要经执业药师或具有药师及以上（含药师和中药师）职称的人员审核后方可调配和销售。对处方所列药品不得擅自更改或代用。对有配伍禁忌或超剂量的处方，应当拒绝调配、销售，必要时，需经原处方医生更正或重新签字方可调配和销售。审核、调配或销售人员均应在处方上签字或盖章，处方按有关规定保存备查。

(3) 药品拆零销售使用的工具、包装袋应清洁和卫生，出售时应在药袋上写明药品名称、规格、服法、用量、有效期等内容。

(4) 销售特殊管理的药品，应严格按照国家有关规定，凭盖有医疗单位公章的医生处方限量供应，销售及复核人员均应在处方上签字或盖章，处方保存两年。

(5) 企业应在零售场所内提供咨询服务，指导顾客安全、合理用药。企业还应设置意见簿和公布监督电话，对顾客的批评或投诉要及时加以解决。

第三节 《中华人民共和国产品质量法》相关规定

→ 了解产品质量监督检查制度及对涉嫌违法行为的查处
→ 掌握生产者和销售者的产品质量责任及任务
→ 熟悉产品质量的损害赔偿及罚则

2000年修订的《中华人民共和国产品质量法》（以下简称《产品质量法》）充分体现了保护消费者合法权益的立法宗旨和社会主义市场经济的客观要求。在调整范围方面有所扩大，建立了适应我国市场经济特点要求的产品质量监督制度框架，强化了对消费者合法权益的保护力度，加大了对违法行为的惩罚力度，加大了行政监督执法力度，强化了对财产安全类产品的监督，强化了对产品质量监督、检验、认证等机构的监督。

一、产品质量的监督

1. 产品质量监督检查制度

国家对产品质量实行以抽查为主要方式的监督检查制度,对可能危及人体健康和人身、财产安全的产品,影响国计民生的重要工业产品以及消费者、有关组织反映有质量问题的产品进行抽查。

(1) 抽查的样品应当在市场上或者企业成品仓库内的待销产品中随机抽取。

(2) 监督抽查工作由国务院产品质量监督部门规划和组织。县级以上地方产品质量监督部门在本行政区域内也可以组织监督抽查。法律对产品质量的监督检查另有规定的,依照有关法律的规定执行。国家监督抽查的产品,地方不得另行重复抽查;上级监督抽查的产品,下级不得另行重复抽查。

(3) 根据监督抽查的需要,可以对产品进行检验。检验抽取样品的数量不得超过检验的合理需要,并不得向被检查人收取检验费用。监督抽查所需检验费用按照国务院规定列支。生产者、销售者对抽查检验的结果有异议的,可以自收到检验结果之日起15日内向实施监督抽查的产品质量监督部门或者其上级产品质量监督部门申请复检,由受理复检的产品质量监督部门作出复检结论。

2. 对涉嫌违反《产品质量法》进行查处时可行使的职权

县级以上产品质量监督部门根据已经取得的违法嫌疑证据或者举报,对涉嫌违反《产品质量法》规定的行为进行查处时,可以行使下列职权:

(1) 对当事人涉嫌从事违反《产品质量法》的生产、销售活动的场所实施现场检查。

(2) 向当事人的法定代表人、主要负责人和其他有关人员调查、了解与涉嫌从事违反本法的生产、销售活动有关的情况。

(3) 查阅、复制当事人有关的合同、发票、账簿以及其他有关资料。

(4) 对有根据认为不符合保障人体健康和人身、财产安全的国家标准、行业标准的产品或者有其他严重质量问题的产品,以及直接用于生产、销售该项产品的原辅材料、包装物、生产工具,予以查封或者扣押。

二、生产者的产品质量责任和义务

生产者应当对其生产的产品质量负责。

1. 产品质量的要求

(1) 不存在危及人身、财产安全的不合理的危险,有保障人体健康和人身、财产安全的国家标准、行业标准的,应当符合该标准。

(2) 具备产品应当具备的使用性能,但是,对产品存在使用性能的瑕疵作出说明的除外。

(3) 符合在产品或者其包装上注明采用的产品标准，符合以产品说明、实物样品等方式表明的质量状况。

2. 产品或者其包装上的标志必须真实，并符合下列要求：

(1) 有产品质量检验合格证明。

(2) 有中文标明的产品名称、生产厂厂名和厂址。

(3) 根据产品的特点和使用要求，需要标明产品规格、等级、所含主要成分的名称和含量的，用中文相应予以标明；需要事先让消费者知晓的，应当在外包装上标明，或者预先向消费者提供有关资料。

(4) 限期使用的产品，应当在显著位置清晰地标明生产日期和安全使用期或者失效日期。

(5) 使用不当，容易造成产品本身损坏或者可能危及人身、财产安全的产品，应当有警示标志或者中文警示说明。

此外，裸装的食品和其他根据产品的特点难以附加标志的裸装产品，可以不附加产品标志。

《产品质量法》中还规定了禁止生产淘汰产品，禁止伪造产地、厂名、厂址，禁止伪造、冒用质量标志，禁止掺假等。

三、销售者的产品质量责任和义务

销售者应当采取措施保证销售产品的质量，做到：

1. 建立并执行进货检查验收制度，验明产品合格证明和其他标志。
2. 不得销售国家明令淘汰并禁止销售的产品和失效、变质的产品。
3. 不得伪造产地，不得伪造或者冒用他人的厂名、厂址。
4. 不得伪造或者冒用认证标识等质量标识。
5. 销售者销售产品，不得掺杂、掺假，不得以假充真、以次充好，不得以不合格产品冒充合格产品。

四、损害赔偿

1. 应当负责修理、更换、退货的情形及相关责任

(1) 售出的产品有下列情形之一的，销售者应当负责修理、更换、退货，给购买产品的消费者造成损失的，销售者应当赔偿损失。

1) 不具备产品应当具备的使用性能而事先未作说明的。
2) 不符合在产品或者其包装上注明采用的产品标准的。
3) 不符合以产品说明、实物样品等方式表明的质量状况的。

(2) 销售者修理、更换、退货、赔偿损失后，属于生产者的责任或者属于向销售者提供产品的其他销售者（以下简称供货者）的责任的，销售者有权向生产者、供货者追偿。销售者未给予修理、更换、退货或者赔偿损失的，由产品质量监督部门或者工商行政管理部门责令改正。

(3) 生产者之间，销售者之间，生产者与销售者之间订立的买卖合同、承揽合同有不同约定的，合同当事人按照合同约定执行。

2. 应当承担赔偿责任的情形

(1) 因产品存在缺陷造成人身、缺陷产品以外的其他财产（以下简称他人财产）损害的，生产者应当承担赔偿责任。生产者能够证明有下列情形之一的，不承担赔偿责任：

1) 未将产品投入流通的。

2) 产品投入流通时，引起损害的缺陷尚不存在的。

3) 将产品投入流通时的科学技术水平尚不能发现缺陷存在的。

(2) 因产品存在缺陷造成人身、他人财产损害的，受害人可以向产品的生产者要求赔偿，也可以向产品的销售者要求赔偿。属于产品的生产者的责任，产品的销售者赔偿的，产品的销售者有权向产品的生产者追偿。属于产品的销售者的责任，产品的生产者赔偿的，产品的生产者有权向产品的销售者追偿。

(3) 因产品存在缺陷造成受害人人身伤害的，侵害人应当赔偿医疗费、治疗期间的护理费、因误工减少的收入等费用；造成残疾的，还应当支付残疾者生活自助具费、生活补助费、残疾赔偿金以及由其扶养的人所必需的生活费等费用；造成受害人死亡的，并应当支付丧葬费、死亡赔偿金以及由死者生前扶养的人所必需的生活费等费用。

(4) 因产品存在缺陷造成受害人财产损失的，侵害人应当恢复原状或者折价赔偿。受害人因此遭受其他重大损失的，侵害人应当赔偿损失。

五、法律责任

1. 生产、销售者违反《产品质量法》的法律责任

(1) 生产、销售不符合保障人体健康和人身、财产安全的国家标准、行业标准的产品的，责令停止生产、销售，没收违法生产、销售的产品，并处违法生产、销售产品（包括已售出和未售出的产品，下同）货值金额等值以上 3 倍以下的罚款；有违法所得的，并处没收违法所得；情节严重的，吊销营业执照；构成犯罪的，依法追究刑事责任。

(2) 在产品中掺杂、掺假，以假充真，以次充好，或者以不合格产品冒充合格产品的，责令停止生产、销售，没收违法生产、销售的产品，并处违法生产、销售产品货值金额 50% 以上 3 倍以下的罚款；有违法所得的，并处没收违法所得；情节严重的，吊销

营业执照；构成犯罪的，依法追究刑事责任。

(3) 生产国家明令淘汰的产品的，销售国家明令淘汰并停止销售的产品的，责令停止生产、销售，没收违法生产、销售的产品，并处违法生产、销售产品货值金额等值以下的罚款；有违法所得的，并处没收违法所得；情节严重的，吊销营业执照。

(4) 销售失效、变质的产品的，责令停止销售，没收违法销售的产品，并处违法销售产品货值金额2倍以下的罚款；有违法所得的，并处没收违法所得；情节严重的，吊销营业执照；构成犯罪的，依法追究刑事责任。

2. 产品检验机构、认证机构违反《产品质量法》的法律责任

(1) 产品质量检验机构、认证机构伪造检验结果或者出具虚假证明的，责令改正，对单位处5万元以上10万元以下的罚款，对直接负责的主管人员和其他直接责任人员处1万元以上5万元以下的罚款；有违法所得的，并处没收违法所得；情节严重的，取消其检验资格、认证资格；构成犯罪的，依法追究刑事责任。

(2) 产品质量检验机构、认证机构出具的检验结果或者证明不实，造成损失的，应当承担相应的赔偿责任；造成重大损失的，撤销其检验资格、认证资格。

(3) 产品质量认证机构对不符合认证标准而使用认证标志的产品，未依法要求其改正或者取消其使用认证标志资格的，对因产品不符合认证标准给消费者造成的损失，与产品的生产者、销售者承担连带责任；情节严重的，撤销其认证资格。

3. 其他人员违反《产品质量法》的法律责任

各级人民政府工作人员和其他国家机关工作人员有下列情形之一的，依法给予行政处分；构成犯罪的，依法追究刑事责任：

(1) 包庇、放纵产品生产、销售中违反《产品质量法》规定行为的。

(2) 向从事违反《产品质量法》规定的生产、销售活动的当事人通风报信，帮助其逃避查处的。

(3) 阻挠、干预产品质量监督部门或者工商行政管理部门依法对产品生产、销售中违反本法规定的行为进行查处，造成严重后果的。

第四节 《中华人民共和国消费者权益保护法》相关规定

→ 掌握消费者的权利和经营者的义务
→ 熟悉争议的解决途径及法律责任

消费者是指为生活消费需要而购买、使用经营者所提供的商品或接受经营者所提供服务的市场主体，是消费者权益保护法中最为重要的主体。消费者权益保护法，是调整国家、经营者和消费者三者之间在保护消费者权益的过程中发生的社会关系的法律规范的总称。《中华人民共和国消费者权益保护法》（以下简称《消费者权益保护法》）1993年公布，1994年1月1日起施行。其宗旨在于保护消费者的合法权益，维护社会经济秩序，促进社会主义市场经济健康发展。

一、消费者的权利

《消费者权益保护法》规定如下：

1. 消费者在购买、使用商品和接受服务时享有人身、财产安全不受损害的权利。消费者有权要求经营者提供的商品和服务，符合保障人身、财产安全的要求。

2. 消费者享有知悉其购买、使用的商品或者接受的服务的真实情况的权利。消费者有权根据商品或者服务的不同情况，要求经营者提供商品的价格、产地、生产者、用途、性能、规格、等级、主要成分、生产日期、有效期限、检验合格证明、使用方法说明书、售后服务，或者服务的内容、规格、费用等有关情况。

3. 消费者享有自主选择商品或者服务的权利。消费者有权自主选择提供商品或者服务的经营者，自主选择商品品种或者服务方式，自主决定购买或者不购买任何一种商品、接受或者不接受任何一项服务。消费者在自主选择商品或者服务时，有权进行比较、鉴别和挑选。

4. 消费者享有公平交易的权利。消费者在购买商品或者接受服务时，有权获得质量保障、价格合理、计量正确等公平交易条件，有权拒绝经营者的强制交易行为。

5. 消费者因购买、使用商品或者接受服务受到人身、财产损害的，享有依法获得赔偿的权利。

6. 消费者享有依法成立维护自身合法权益的社会团体的权利。

7. 消费者享有获得有关消费和消费者权益保护方面的知识的权利。消费者应当努力掌握所需商品或者服务的知识和使用技能，正确使用商品，提高自我保护意识。

8. 消费者在购买、使用商品和接受服务时，享有其人格尊严、民族风俗习惯得到尊重的权利。

9. 消费者享有对商品和服务以及保护消费者权益工作进行监督的权利。消费者有权检举、控告侵害消费者权益的行为和国家机关及其工作人员在保护消费者权益工作中的违法失职行为，有权对保护消费者权益工作提出批评、建议。

二、经营者的义务

《消费者权益保护法》规定如下：

1. 经营者向消费者提供商品或者服务，应当依照《中华人民共和国产品质量法》和其他有关法律、法规的规定履行义务。经营者和消费者有约定的，应当按照约定履行义务，但双方的约定不得违背法律、法规的规定。

2. 经营者应当听取消费者对其提供的商品或者服务的意见，接受消费者的监督。

3. 经营者应当保证其提供的商品或者服务符合保障人身、财产安全的要求。对可能危及人身、财产安全的商品和服务，应当向消费者作出真实的说明和明确的警示，并说明和标明正确使用商品或者接受服务的方法以及防止危害发生的方法。经营者发现其提供的商品或者服务存在严重缺陷，即使正确使用商品或者接受服务仍然可能对人身、财产安全造成危害的，应当立即向有关行政部门报告和告知消费者，并采取防止危害发生的措施。

4. 经营者应当向消费者提供有关商品或者服务的真实信息，不得作引人误解的虚假宣传。经营者对消费者就其提供的商品或者服务的质量和使用方法等问题提出的询问，应当作出真实、明确的答复。商店提供商品应当明码标价。

5. 经营者应当标明其真实名称和标记。租赁他人柜台或者场地的经营者，应当标明其真实名称和标记。

6. 经营者提供商品或者服务，应当按照国家有关规定或者商业惯例向消费者出具购货凭证或者服务单据；消费者索要购货凭证或者服务单据的，经营者必须出具。

7. 经营者应当保证在正常使用商品或者接受服务的情况下其提供的商品或者服务应当具有的质量、性能、用途和有效期限；但消费者在购买该商品或者接受该服务前已经知道其存在瑕疵的除外。经营者以广告、产品说明、实物样品或者其他方式表明商品或者服务的质量状况的，应当保证其提供的商品或者服务的实际质量与表明的质量状况相符。

8. 经营者提供商品或者服务，按照国家规定或者与消费者的约定，承担包修、包换、包退或者其他责任的，应当按照国家规定或者约定履行，不得故意拖延或者无理拒绝。

9. 经营者不得以格式合同、通知、声明、店堂告示等方式作出对消费者不公平、不合理的规定，或者减轻、免除其损害消费者合法权益应当承担的民事责任。格式合同、通知、声明、店堂告示等含有前款所列内容的，其内容无效。

10. 经营者不得对消费者进行侮辱、诽谤，不得搜查消费者的身体及其携带的物品，不得侵犯消费者的人身自由。

三、争议的解决与法律责任

1. 争议的解决

消费者和经营者发生消费者权益争议的，可以通过下列途径解决：

（1）与经营者协商和解。

（2）请求消费者协会调解。

（3）向有关行政部门申诉。

（4）根据与经营者达成的仲裁协议提请仲裁机构仲裁。

（5）向人民法院提起诉讼。

此外，《消费者权益保护法》在"争议的解决"一章中还对"企业合并与分立的赔偿""使用他人执照的赔偿""展销与租赁柜台经营的损害赔偿""虚假广告损害赔偿"等作出了明确的规定。

2. 法律责任

（1）消费者在购买、使用商品时，其合法权益受到损害的，可以向销售者要求赔偿。销售者赔偿后，属于生产者的责任或者属于向销售者提供商品的其他销售者的责任的，销售者有权向生产者或者其他销售者追偿。

（2）消费者或者其他受害人因商品缺陷造成人身、财产损害的，可以向销售者要求赔偿，也可以向生产者要求赔偿。属于生产者责任的，销售者赔偿后，有权向生产者追偿。属于销售者责任的，生产者赔偿后，有权向销售者追偿。

（3）消费者在接受服务时，其合法权益受到损害的，可以向服务者要求赔偿。

（4）经营者提供商品或者服务有下列情形之一的，除本法另有规定外，应当依照《中华人民共和国产品质量法》和其他有关法律、法规的规定，承担民事责任：

1）商品存在缺陷的。

2）不具备商品应当具备的使用性能而出售时未作说明的。

3）不符合在商品或者其包装上注明采用的商品标准的。

4）不符合商品说明、实物样品等方式表明的质量状况的。

5）生产国家明令淘汰的商品或者销售失效、变质的商品的。

6) 销售的商品数量不足的。

7) 服务的内容和费用违反约定的。

8) 对消费者提出的修理、重做、更换、退货、补足商品数量、退还货款和服务费用或者赔偿损失的要求，故意拖延或者无理拒绝的。

9) 法律、法规规定的其他损害消费者权益的情形。

(5) 经营者有下列情形之一，《中华人民共和国产品质量法》和其他有关法律、法规对处罚机关和处罚方式有规定的，依照法律、法规的规定执行；法律、法规未作规定的，由工商行政管理部门责令改正，可以根据情节单处或者并处警告、没收违法所得、处以违法所得1倍以上5倍以下的罚款，没有违法所得的，处以1万元以下的罚款；情节严重的，责令停业整顿、吊销营业执照：

1) 生产、销售的商品不符合保障人身、财产安全要求的。

2) 在商品中掺杂、掺假，以假充真，以次充好，或者以不合格商品冒充合格商品的。

3) 生产国家明令淘汰的商品或者销售失效、变质的商品的。

4) 伪造商品的产地，伪造或者冒用他人的厂名、厂址，伪造或者冒用认证标志、名优标志等质量标志的。

5) 销售的商品应当检验、检疫而未检验、检疫或者伪造检验、检疫结果的。

6) 对商品或者服务作引人误解的虚假宣传的。

7) 对消费者提出的修理、重做、更换、退货、补足商品数量、退还货款和服务费用或者赔偿损失的要求，故意拖延或者无理拒绝的。

8) 侵害消费者人格尊严或者侵犯消费者人身自由的。

9) 法律、法规规定的对损害消费者权益应当予以处罚的其他情形。

此外，《消费者权益保护法》在"法律责任"一章中还对"人身伤害的民事与刑事责任""被侵害人死亡的民事和刑事责任""商品不合格的责任""欺诈经营的责任"等多个方面都作出了明确的规定。

第五节 《中华人民共和国反不正当竞争法》相关规定

→ 掌握不正当竞争行为的种类及其法律责任
→ 熟悉反不正当竞争法的相关条例

反不正当竞争法是调整在制止不正当竞争过程中发生的社会关系的法律规范的总称。《中华人民共和国反不正当竞争法》（以下简称《反不正当竞争法》）的立法目的是保障社会主义市场经济健康发展，鼓励和保护正当竞争，制止不正当竞争，保护经营者和消费者的合法权益。

反不正当竞争法的基本原则包括自愿、公平、平等、诚实信用、遵守公认商业道德以及不得滥用竞争权利等原则。

一、限制竞争行为

1. 公用企业或其他依法享有独占地位经营者的限制竞争行为

（1）限定用户或消费者只能购买和使用其附带提供的相关商品，而不是购买和使用其他经营者提供的符合技术标准的同类商品。

（2）限定用户或消费者只能购买和使用其指定的经营者生产或经销的商品，而不得购买和使用其他经营者提供的符合技术标准的同类商品。

（3）强制用户、消费者购买其提供的不必要的商品及配件。

（4）强制用户、消费者购买其指定的经营者提供的不必要的商品。

（5）以检验商品质量、性能等借口，阻碍用户、消费者购买、使用其他经营者提供的符合技术标准要求的其他商品。

（6）对不接收其不合理条件的用户、消费者拒绝、中断或削减供应相关商品，或滥收费用。

（7）其他限制竞争的行为。

2. 政府机构的限制竞争行为

政府机构指的是除国务院以外的各级行政机构，包括国务院各部、委及其下属机构，各级地方政府及其所属机构。该类限制竞争行为表现为：滥用行政权力，限定他人购买其指定的经营者的商品，限制其他经营者正当的经营活动；滥用行政权力，限制外地商品进入本地市场，或本地商品流向外地市场。

3. 搭售或附加其他不合理条件

指经营者违背购买者的意愿在销售商品时要求购买方购买一定数量的其他商品或服务或附加其他不合理条件。

4. 串通投标

串通投标是一种联合限制竞争行为，其表现有：投标者非法串通损害招标者利益；招标者与其投标者串通损害其他投标者利益。

二、不正当竞争行为

不正当竞争行为，是指经营者违反不正当竞争法的规定，损害其他经营者的合法权益，扰乱社会经济秩序的行为。

1. 不正当竞争行为特征

（1）不正当竞争行为的主体是经营者。经营者是指从事商品经营或赢利性服务的法人、其他经济组织和个人。非经营者不是竞争行为主体，所以也不能成为不正当竞争行为的主体。

（2）不正当竞争行为是违法行为。不正当竞争行为的违法性，主要表现在违反了反不正当竞争法的规定，既包括违反了《反不正当竞争法》第二章关于禁止各种不正当竞争行为的具体规定，也包括违反了该法第2条的原则规定。经营者的某些行为虽然表面上难以确认为该法明确规定的不正当竞争行为，但是只要违反了自愿、平等、公平、诚实信用原则或违反了公认的商业道德，损害了其他经营者的合法权益，扰乱了社会经济秩序，也应认定为不正当竞争行为。

（3）不正当竞争行为侵害的客体。客体是其他经营者的合法权益和正常的社会经济秩序。不正当竞争行为的破坏性主要体现在：危害公平竞争的市场秩序；阻碍技术进步和社会生产力的发展；损害其他经营者的正常经营和合法权益，使守法经营者蒙受物质上和精神上的双重损害。有些不正当竞争行为，如虚假广告和欺骗性有奖销售，还可能损害广大消费者的合法权益；另外，不正当竞争行为还有可能给我国的对外开放政策带来消极影响，严重损害国家利益。

2. 不正当竞争行为分类

（1）混淆行为。指经营者在市场经营活动中，以种种不实手法对自己的商品或服务作虚假表示、说明或承诺，或不当利用他人的智力劳动成果推销自己的商品或服务，使用户或者消费者产生误解，扰乱市场秩序、损害同业竞争者的利益或者消费者利益的行为。

《反不正当竞争法》对上述不正当竞争行为做出了相应的行政处罚规定，具体分为两种情况：

1) 经营者假冒他人的注册商标，擅自使用他人的企业名称或者姓名，伪造或者冒用认证标志、名优标志等质量标志，伪造产地，对商品质量作引人误解的虚假表示的，依照《中华人民共和国商标法》《中华人民共和国产品质量法》的规定处罚。

2) 经营者擅自使用知名商品特有的名称、包装、装潢，或者使用与知名商品近似的名称、包装、装潢，造成和他人的知名商品相混淆，使购买者误认为是该知名商品的，监督检查部门应当责令停止违法行为，没收违法所得，可以根据情节处以违法所得1倍以上3倍以下的罚款；情节严重的可以吊销营业执照；销售伪劣商品，构成犯罪的，依法追究刑事责任。

（2）商业贿赂行为。指经营者为争取交易机会，暗中给予交易对方有关人员和能够影响交易的其他相关人员以财物或其他好处的行为。

《反不正当竞争法》规定，经营者不得采用财物或者其他手段进行贿赂以销售或者购买商品。在账外暗中给予对方单位或者个人回扣的，以行贿论处；对方单位或者个人在账外暗中收受回扣的，以受贿论处。经营者销售或者购买商品，可以以明示方式给对方折扣，可以给中间人佣金。经营者给对方折扣、给中间人佣金的，必须如实入账。接受折扣、佣金的经营者必须如实入账。经营者有商业贿赂行为的，构成犯罪，追究刑事责任；未构成犯罪的，监督检查部门可处以1万元以上20万元以下的罚款，并没收其违法所得。

（3）虚假宣传行为。指经营者利用广告和其他方法，对产品的质量、性能、成分、用途、产地等所作的引人误解的不实宣传。

《反不正当竞争法》规定，经营者不得利用广告和其他方法，对商品的质量、制作成分、性能、用途、生产者、有效期限、产地等作引人误解的虚假宣传。广告的经营者不得在明知或者应知的情况下，代理、设计、制作、发布虚假广告。

1) 经营者（广告主）的法律责任。经营者利用广告和其他方法，对商品作引人误解的虚假广告的，监督检查部门应责令停止违法行为，消除影响，并可根据情节处1万元以上20万元以下的罚款。

2) 广告经营者的法律责任。广告经营者在明知或应知情况下，代理、设计、制作、发布虚假广告的，监督检查部门应当责令停止违法行为，没收违法所得，并依法处以罚款。

（4）侵犯商业秘密行为。商业秘密是指不为公众所知悉，能为权利人带来经济利益，具有实用性并经权利人采取保密措施的技术信息和经营信息。侵犯商业秘密行为是指以不当手段获取披露、使用他人商业秘密的行为。经营者不得采用下列手段侵犯商业秘密：

1) 以盗窃、利诱、胁迫和其他不正当手段获取权利人的商业秘密。

2) 披露、使用或者允许他人使用以前项手段获取的权利人的商业秘密。

3) 根据法律和合同，有义务保守商业秘密的人（包括与权利人有业务关系的单位、个人，在权利人单位就职的职工）披露、使用和允许他人使用其所掌握的商业秘密。第三人明知或应知前款所列违法行为，获取使用或者披露他人的商业秘密，视为侵犯商业秘密。

《反不正当竞争法》对侵犯商业秘密行为规定的处罚方式，一是由监督检查部门责令停止违法行为，二是可根据情节处以 1 万元以上 20 万元以下的罚款。

(5) 低价倾销行为。指经营者以排挤竞争对手为目的，以低于成本的价格销售商品。《反不正当竞争法》规定，经营者不得以排挤竞争对手为目的，以低于成本的价格销售商品，也规定了四种除外情况：

1) 销售鲜活商品。

2) 处理有效期限即将到期的商品或者其他积压的商品。

3) 季节性降价。

4) 因清偿债务、转产、歇业降价销售商品。

(6) 不正当有奖销售行为。指经营者在销售商品或提供服务时，以欺骗或其他不正当手段，附带提供给用户和消费者金钱、实物或其他好处，作为对交易的奖励。其方式大致可分为两种：一种是奖励给所有购买者的附赠式有奖销售，另一种是奖励部分购买者的抽奖式有奖销售。

《反不正当竞争法》规定，经营者不得从事下列有奖销售：

1) 采用谎称有奖或者故意让内定人员中奖的欺骗方式进行有奖销售。

2) 利用有奖销售的手段推销质次价高的商品。

3) 抽奖式的有奖销售，最高奖的金额不超过 5 000 元。

经营者违反上述规定进行有奖销售的，监督检查部门应责令停止违法行为，可以根据情节处以 1 万元以上 10 万元以下的罚款。有关当事人因有奖销售活动中的不正当竞争行为受到侵害的，可向人民法院起诉，请求赔偿。

(7) 诋毁商誉行为。指经营者捏造、散布虚假事实、损害竞争对手的商业信誉、商品声誉，从而削弱竞争力，为自己取得竞争优势的行为。《反不正当竞争法》规定，经营者不得捏造、散布虚伪事实，损害竞争对手的商业信誉、商品声誉。

三、监督检查

1. 监督检查部门

《反不正当竞争法》规定："县级以上人民政府工商行政管理部门对不正当竞争行为进行监督检查；法律、行政法规规定由其他部门监督检查的，依照其规定。"

2. 监督检查部门的职权

监督检查部门在监督检查不正当竞争行为时，享有4种职权，即询问权、查询复制权、检查权和处罚权。

(1) 询问权。监督检查部门有权按照规定程序询问被检查的经营者、利害关系人、证明人，并要求其提供证明材料或者与不正当竞争行为有关的其他材料，被询问人必须如实提供。

(2) 查询复制权。监督检查部门在监督检查不正当竞争行为时，可以查询、复制与不正当竞争行为有关的协议、账册、单据、文件、记录、业务函电和其他资料。

(3) 检查权。监督检查部门有权对假冒名牌行为有关的财物进行检查，必要时可以责令被检查的经营者说明该商品的来源和数量，也可责令其暂停销售，听候检查，禁止其转移、隐匿和销毁该财物。

(4) 处罚权。监督检查部门有权对不正当竞争行为进行处罚，处罚的具体形式包括责令停止违法行为、消除影响、没收违法所得、吊销营业执照、处以罚款。

四、不正当竞争行为的法律责任

1. 民事法律责任

民事法律责任主要包括停止侵害和赔偿损失。根据反不正当竞争法的规定，假冒其他企业的注册商标，擅自使用知名商品持有的名称、包装、装潢等，以排挤竞争对手为目的以低于成本的价格销售商品，侵犯他人商业秘密等行为，监督检查部门应当责令其停止侵害他人的不正当竞争行为，并给被侵害人消除影响、恢复名誉。行为人的不正当竞争行为给他人造成经济损失的，行为人应当给予经济赔偿。赔偿的数额，以被侵害人实际发生的可计算的实际损失为限。如果损失难以计算，赔偿的数额为侵权人在侵权期间因侵权所获得的利润。除此之外，侵害人还应当承担被侵害的经营者因调查该经营者侵害其合法权益行为所支付的合理费用。

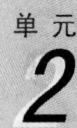

2. 行政责任

(1) 强制行为人停止不正当竞争行为。比如强制停止虚假广告宣传行为、停止以低于成本的价格销售商品等。

(2) 没收非法所得。对假冒名优商品、商标、擅自使用知名商品特有的名称、包装、装潢、制作、发布虚假广告等行为，所得利润，应予以没收。

(3) 处以罚款。对擅自制作知名商品特有的名称、包装、装潢，对采用财物或其他手段进行贿赂，对违反规定的有奖销售，对侵犯他人商业秘密等不正当竞争行为给予金额不等的罚款。

(4) 吊销营业执照。不正当竞争行为者经教育不改，给他人造成经济损失或其他影响的，可以吊销其营业执照。

3. 刑事法律责任

不正当竞争行为情节严重,造成重大损失的,应当承担刑事责任。《反不正当竞争法》中规定,销售伪劣商品,采用贿赂手段以销售或购买商品,情节严重,构成犯罪的,依法追究刑事责任。监督检查部门工作人员滥用职权,玩忽职守和徇私舞弊,故意包庇犯罪行为人使之不受追诉,构成犯罪的依法追究其刑事责任。

第六节 《中华人民共和国劳动合同法》相关规定

→ 掌握劳动合同的订立、履行、解除、终止的相关管理规定
→ 熟悉劳动合同的种类,劳务派遣、非全日制用工的相关规定
→ 了解劳动合同法的适用范围及违反劳动合同法所承担的法律责任

为了完善劳动合同制度,明确劳动合同双方当事人的权利和义务,保护劳动者的合法权益,构建和发展和谐稳定的劳动关系,《中华人民共和国劳动合同法》于2007年6月29日通过,自2008年1月1日起施行。

《中华人民共和国劳动合同法》适用于中华人民共和国境内的企业、个体经济组织、民办非企业单位等组织(以下简称用人单位)与劳动者建立劳动关系,订立、履行、变更、解除或者终止劳动合同以及国家机关、事业单位、社会团体和与其建立劳动关系的劳动者,订立、履行、变更、解除或者终止劳动合同。

一、劳动合同的订立

劳动合同分为固定期限劳动合同、无固定期限劳动合同和以完成一定工作任务为期限的劳动合同。

1. 固定期限劳动合同和无固定期限劳动合同的订立

固定期限劳动合同是指用人单位与劳动者约定合同终止时间的劳动合同。无固定期限劳动合同,是指用人单位与劳动者约定无确定终止时间的劳动合同。

《劳动合同法》规定:用人单位与劳动者协商一致,可以订立固定期限劳动合同和无固定期限劳动合同。有下列情形之一,劳动者提出或者同意续订、订立劳动合同的,除劳动者提出订立固定期限劳动合同外,应当订立无固定期限劳动合同:

(1)劳动者在该用人单位连续工作满10年的。

(2)用人单位初次实行劳动合同制度或者国有企业改制重新订立劳动合同时,劳动者在该用人单位连续工作满 10 年且距法定退休年龄不足 10 年的。

（3）连续订立 2 次固定期限劳动合同，且劳动者没有以下情形续订劳动合同的：

1）在试用期间被证明不符合录用条件的。

2）严重违反用人单位的规章制度的。

3）严重失职，营私舞弊，给用人单位造成重大损害的。

4）劳动者同时与其他用人单位建立劳动关系，对完成本单位的工作任务造成严重影响，或者经用人单位提出，拒不改正的。

5）用人单位与劳动者协商一致解除劳动合同的情况下，致使劳动合同无效的。

6）被依法追究刑事责任的。

7）劳动者患病或者非因工负伤，在规定的医疗期满后不能从事原工作，也不能从事由用人单位另行安排的工作的。

8）劳动者不能胜任工作，经过培训或者调整工作岗位，仍不能胜任工作的。

此外，用人单位自用工之日起满 1 年不与劳动者订立书面劳动合同的，视为用人单位与劳动者已订立无固定期限劳动合同。

2. 以完成一定工作任务为期限的劳动合同的订立

指用人单位与劳动者约定以某项工作的完成为合同期限的劳动合同。用人单位与劳动者协商一致，可以订立以完成一定工作任务为期限的劳动合同。

3. 劳动合同应具备的条款

劳动合同应当具备以下条款：

（1）用人单位的名称、住所和法定代表人或者主要负责人。

（2）劳动者的姓名、住址和居民身份证或者其他有效身份证件号码。

（3）劳动合同期限。

（4）工作内容和工作地点。

（5）工作时间和休息休假。

（6）劳动报酬。

（7）社会保险。

（8）劳动保护、劳动条件和职业危害防护。

（9）法律、法规规定应当纳入劳动合同的其他事项。

4. 试用期的有关规定

（1）试用期期限。劳动合同期限为 3 个月以上不满 1 年的，试用期不得超过 1 个月；劳动合同期限为 1 年以上不满 3 年的，试用期不得超过 2 个月；3 年以上固定期限和无固定期限的劳动合同，试用期不得超过 6 个月。同一用人单位与同一劳动者只能约定一次试用期。以完成一定工作任务为期限的劳动合同或者劳动合同期限不满 3 个月的，不得约定试用期。试用期包含在劳动合同期限内。劳动合同仅约定试用期的，试用期不成立,该期限为劳动合同期限。

(2) 试用期工资。劳动者在试用期的工资不得低于本单位相同岗位最低档工资或者劳动合同约定工资的80%,并不得低于用人单位所在地的最低工资标准。

二、劳动合同的履行和变更

1. 劳动合同的履行

(1) 用人单位与劳动者应当按照劳动合同的约定,全面履行各自的义务。

(2) 用人单位应当按照劳动合同约定和国家规定,向劳动者及时足额支付劳动报酬。用人单位拖欠或者未足额支付劳动报酬的,劳动者可以依法向当地人民法院申请支付令,人民法院应当依法发出支付令。用人单位应当严格执行劳动定额标准,不得强迫或者变相强迫劳动者加班。用人单位安排加班的,应当按照国家有关规定向劳动者支付加班费。

(3) 劳动者拒绝用人单位管理人员违章指挥、强令冒险作业的,不视为违反劳动合同。劳动者对危害生命安全和身体健康的劳动条件,有权对用人单位提出批评、检举和控告。

(4) 用人单位变更名称、法定代表人、主要负责人或者投资人等事项,不影响劳动合同的履行。

(5) 用人单位发生合并或者分立等情况,原劳动合同继续有效,劳动合同由继承其权利和义务的用人单位继续履行。

2. 劳动合同的变更

用人单位与劳动者协商一致,可以变更劳动合同约定的内容。变更劳动合同,应当采用书面形式。变更后的劳动合同文本由用人单位和劳动者各执一份。

三、劳动合同的解除和终止

用人单位与劳动者协商一致,可以解除劳动合同。劳动者提前30日以书面形式通知用人单位,可以解除劳动合同。劳动者在试用期内提前3日通知用人单位,可以解除劳动合同。

1. 劳动合同的解除

(1) 用人单位有下列情形之一的,劳动者可以解除劳动合同:

1) 未按照劳动合同约定提供劳动保护或者劳动条件的。

2) 未及时足额支付劳动报酬的。

3) 未依法为劳动者缴纳社会保险费的。

4) 用人单位的规章制度违反法律、法规的规定,损害劳动者权益的。

5) 以欺诈、胁迫的手段或者乘人之危,使对方在违背真实意思的情况下订立或者变更劳动合同致使劳动合同无效的。

6）法律、行政法规规定劳动者可以解除劳动合同的其他情形。

此外，用人单位以暴力、威胁或者非法限制人身自由的手段强迫劳动者劳动的，或者用人单位违章指挥、强令冒险作业危及劳动者人身安全的，劳动者可以立即解除劳动合同，不需事先告知用人单位。

（2）劳动者有下列情形之一的，用人单位可以解除劳动合同：

1）在试用期间被证明不符合录用条件的。

2）严重违反用人单位的规章制度的。

3）严重失职，营私舞弊，给用人单位造成重大损害的。

4）劳动者同时与其他用人单位建立劳动关系，对完成本单位的工作任务造成严重影响，或者经用人单位提出，拒不改正的。

5）以欺诈、胁迫的手段或者乘人之危，使对方在违背真实意思的情况下订立或者变更劳动合同致使劳动合同无效的。

6）被依法追究刑事责任的。

（3）有下列情形之一的，用人单位提前30日以书面形式通知劳动者本人或者额外支付劳动者一个月工资后，可以解除劳动合同：

1）劳动者患病或者非因工负伤，在规定的医疗期满后不能从事原工作，也不能从事由用人单位另行安排的工作的。

2）劳动者不能胜任工作，经过培训或者调整工作岗位，仍不能胜任工作的。

3）劳动合同订立时所依据的客观情况发生重大变化，致使劳动合同无法履行，经用人单位与劳动者协商，未能就变更劳动合同内容达成协议的。

（4）有下列情形之一，需要裁减人员20人以上或者裁减不足20人但占企业职工总数10%以上的，用人单位提前30日向工会或者全体职工说明情况，听取工会或者职工的意见后，裁减人员方案经向劳动行政部门报告，可以裁减人员：

1）依照企业破产法规定进行重整的。

2）生产经营发生严重困难的。

3）企业转产、重大技术革新或者经营方式调整，经变更劳动合同后，仍需裁减人员的。

4）其他因劳动合同订立时所依据的客观经济情况发生重大变化，致使劳动合同无法履行的。

（5）劳动者有下列情形之一的，用人单位不得依照上述（3）和（4）解除劳动合同：

1）从事接触职业病危害作业的劳动者未进行离岗前职业健康检查，或者疑似职业病病人在诊断或者医学观察期间的。

2）在本单位患职业病或者因工负伤并被确认丧失或者部分丧失劳动能力的。
3）患病或者非因工负伤,在规定的医疗期内的。
4）女职工在孕期、产期、哺乳期的。
5）在本单位连续工作满15年,且距法定退休年龄不足5年的。
6）法律、行政法规规定的其他情形。

2. 劳动合同的终止

有下列情形之一的,劳动合同终止：
（1）劳动合同期满的。
（2）劳动者开始依法享受基本养老保险待遇的。
（3）劳动者死亡,或者被人民法院宣告死亡或者宣告失踪的。
（4）用人单位被依法宣告破产的。
（5）用人单位被吊销营业执照、责令关闭、撤销或者用人单位决定提前解散的。
（6）法律、行政法规规定的其他情形。

四、监督检查

县级以上地方人民政府劳动行政部门依法对下列实施劳动合同制度的情况进行监督检查：
1. 用人单位制定直接涉及劳动者切身利益的规章制度及其执行的情况。
2. 用人单位与劳动者订立和解除劳动合同的情况。
3. 劳务派遣单位和用工单位遵守劳务派遣有关规定的情况。
4. 用人单位遵守国家关于劳动者工作时间和休息休假规定的情况。
5. 用人单位支付劳动合同约定的劳动报酬和执行最低工资标准的情况。
6. 用人单位参加各项社会保险和缴纳社会保险费的情况。
7. 法律、法规规定的其他劳动监察事项。

五、法律责任

1. 用人单位自用工之日起超过1个月不满1年未与劳动者订立书面劳动合同的,应当向劳动者每月支付2倍的工资。用人单位违反《劳动合同法》规定不与劳动者订立无固定期限劳动合同的,自应当订立无固定期限劳动合同之日起向劳动者每月支付2倍的工资。
2. 用人单位违反《劳动合同法》规定与劳动者约定试用期的,由劳动行政部门责令改正；违法约定的试用期已经履行的,由用人单位以劳动者试用期满月工资为标准,按已经履行的超过法定试用期的期间向劳动者支付赔偿金。
3. 用人单位有下列情形之一的,由劳动行政部门责令限期支付劳动报酬、加班费或者经济补偿；劳动报酬低于当地最低工资标准的，应当支付其差额部分；逾期不支付的，责令用人单位按应付金额 50％以上 100％以下的标准向劳动者加付赔偿金：

(1) 未按照劳动合同的约定或者国家规定及时足额支付劳动者劳动报酬的。
(2) 低于当地最低工资标准支付劳动者工资的。
(3) 安排加班不支付加班费的。
(4) 解除或者终止劳动合同，未依照本法规定向劳动者支付经济补偿的。

单元测试题

一、填空题（请将正确的答案填在横线空白处）
1. 药品包装必须按照规定印有或者贴有_____并附有_____。
2. 药品出库记录应保存至_____年，但不得少于_____年。

二、判断题（下列判断正确的请打"√"，错误的请打"×"）
1. 在办理药品经营许可证和营业执照过程中即可开门营业。　　　　　（　　）
2. 药品经营企业购进药品，必须建立并执行进货检查验收制度。　　（　　）
3. 销售处方药时，驻店执业药师审核处方发现不当之处可以更改。　（　　）
4. 药店直接接触药品的人员应每 2 年一次进行健康检查。　　　　　（　　）

三、单项选择题（下列每题的选项中，只有 1 个是正确的，请将其代号填在横线空白处）
1. 以下不符合《药品管理法》的规定的是_____。
   A. 精神药品可按一般管理方法管理
   B. 药品经营许可证已到期，因经营范围不变，不需重新审查发证
   C. 药品包装上必须附有说明书，但标签有无均可
   D. 药政部门抽样检验，药品经营企业应付费
   E. 以上各项均不符合
2. 有关药品储存养护的说明，不正确的是_____。
   A. 药品应按温湿度要求，储存于相应库中
   B. 因药店房间少，可不单独设库房
   C. 在库药品均应实行色标管理
   D. 药品应按批号集中堆放
   E. 药品与仓间地面、墙、顶、散热器之间有相应间距或隔离措施
3. 下列说法符合有关法规的论述的有_____。
   A. 可以销售有效期刚过的药品
   B. 药店库存少量国家明令停止销售的药品，应尽快售出

C. 用人单位有权力随意解除劳动合同

D. 劳动者与用人单位发生劳动争议时,当事人可依法申请调解、仲裁

E. 药店可以低于成本价格销售药品,以与对手竞争

四、简答题

1. 试说明什么情况下的药品是假药,什么情况下的药品按劣药论处?

2. 药品陈列原则及储存的注意事项有哪些?

单元测试题答案

一、填空题

1. 标签 说明书 2. 超过药品有效期 1 3

二、判断题

1. × 2. √ 3. × 4. ×

三、单项选择题

1. E 2. B 3. D

四、简答题

略。

第 3 单元

医学基础知识

- 第一节　人体的构成/40
- 第二节　病原微生物/58
- 第三节　人体免疫功能/74

药物是治疗疾病、预防疾病和诊断疾病的物质，而药物学知识的形成和发展是建立在生理学、生物化学、病理学、病理生理学、微生物学、免疫学以及其他医学基础学科的基础上的，掌握相关医学基础知识是学好药物学的必备前提。

本单元医学基础知识分为人体的构成、病原微生物、人体免疫功能三节。第一节介绍了人体生命活动的结构层次、基本特征、系统的解剖生理知识；第二节介绍了病原微生物的生理知识及对人体的作用；第三节着重讲解人体免疫功能的基本原理。

学习本单元应注意掌握基础医学的基础理论知识，并理解外界致病因素以及人体的天然防御功能之间的联系。

第一节 人体的构成

培训目标
→ 掌握细胞的基本功能，组成人体的主要系统及生理学功能
→ 了解各系统器官的解剖知识

一、概述

1. 人体的组成

人体结构和功能的基本单位是细胞，许多形态结构相似、功能相近的细胞借细胞间质结合在一起，构成一个细胞群体，称为组织。人体的组织有四大类，即上皮组织、结缔组织、肌组织和神经组织。几种不同的组织构成具有一定形态、完成一定功能的器官，如心、肝、肺、脑、肾等，如图3—1所示。许多共同完成某一方面功能的器官组成了系统。人体有神经系统、循环系统、呼吸系统、消化系统、泌尿系统、生殖系统、内分泌系统、运动系统和皮肤系统等。其中呼吸、消化、泌尿和生殖系统的大部分器官分别位于胸腔、腹腔和盆腔内，并借孔道与外界相通，总称为内脏。人体的器官、系统都有其特定的功能，它们在神经、体液的调节下相互联系、紧密配合，共同构成了一个完整统一的人体。

2. 细胞的基本功能

人体的细胞大小各异，形态也有很大区别。除血液中成熟的红细胞外，细胞的结构通常分为细胞膜、细胞质、细胞核三部分，具体结构如图3—2所示。细胞膜是细胞表面的一层薄膜，对维持细胞的形态、进行细胞内外物质交换、参与细胞的相互识别和传递信息起着重要作用。细胞质是细胞膜与细胞核之间的物质，其内的细胞器主要有能产

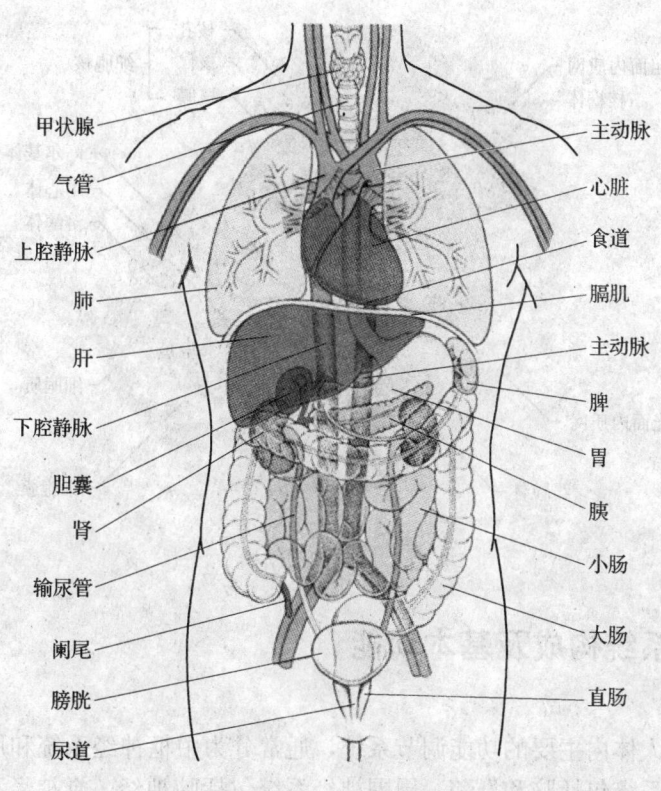

图 3—1 人体主要器官

生能量的线粒体；与蛋白质、糖类和脂类代谢有关的内质网；起细胞内消化作用的溶酶体和与细胞分裂有关的中心体。细胞核内染色质的主要化学成分是蛋白质和脱氧核糖核酸（DNA），在细胞分裂时，染色质变粗变短称为染色体。DNA是遗传物质基础，所以染色体是遗传物质的载体。

细胞在安静时，存在于膜内外的电位差称为静息电位。静息电位的产生是由于膜内外各种离子的分布不均衡，膜内 K^+ 浓度高，膜外 Na^+ 浓度高，在静息状态下细胞膜对 K^+ 有较大的通透性，对 Na^+ 有较小的通透性，因此，静息电位主要是 K^+ 外流产生的电—化学平衡电位。

细胞膜受刺激时，在静息电位的基础上，发生一次扩布性的电位变化称为动作电位。动作电位的波形分为上升相和下降相，上升相是 Na^+ 内流所形成的电—化学平衡电位，下降相是 K^+ 外流所形成的电—化学平衡电位。动作电位是各种细胞兴奋时的共同的、本质的表现，是兴奋产生和传导的标志。

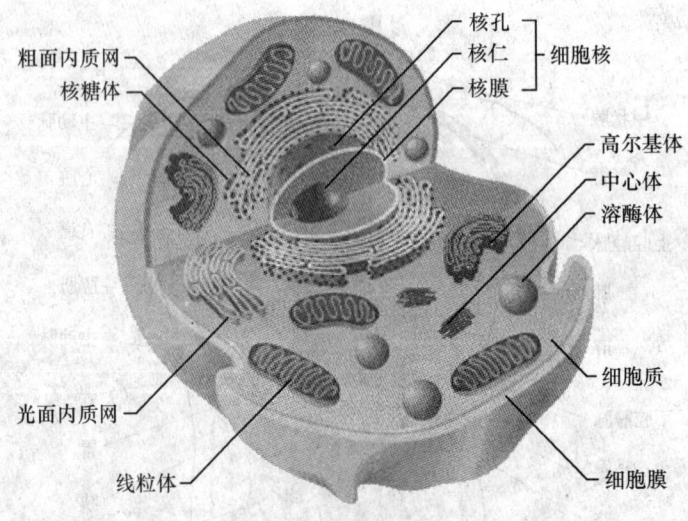

图3—2 细胞结构

二、人体各系统构成及基本功能

1. 神经系统

神经系统是人体内主要的功能调节系统，通常分为中枢神经系统和周围神经系统两部分。中枢神经系统包括脑和脊髓。周围神经系统包括脑神经、脊神经和内脏神经。脑神经和脊神经分别与脑和脊髓相连，含有躯体传入纤维和躯体传出纤维，分布于皮肤和骨骼肌。内脏神经含有内脏传入纤维和内脏传出纤维，大多加入脑神经和脊神经中，分布于内脏、心脏、血管和腺体。

神经系统主要是由神经组织构成，神经组织由神经细胞（神经元）和神经胶质细胞组成。神经元是神经系统的基本结构和功能单位。神经元在结构上包括细胞体和突起两部分，突起又分树突和轴突，如图3—3所示。轴突较长，亦称神经纤维，神经纤维的主要功能是传导兴奋。神经胶质细胞分布于神经元之间，其数量为神经元的几十倍，各具一定的形态和功能。通常认为胶质细胞对神经元起支持、营养、保护和修复作用。神经胶质细胞参与神经物质的代谢及蛋白质的合成与转运。

(1) 中枢神经系统。中枢神经系统位于颅腔和椎管内，包括脊髓（低级中枢）和脑（高级中枢），如图3—4所示。

1) 脊髓。脊髓位于椎管内，表面包有三层被膜。上端在枕骨大孔处与延髓相连，下端成人平对第1腰椎下缘，儿童平对第3腰椎下缘。脊髓全长粗细不等，有两个膨大部：颈膨大自颈髓第4节到胸髓第1节；腰骶膨大自腰髓2节到骶髓第3节。两个膨大的形成是由于这两段的神经元数量相对较多，它们分别发出支配上肢和下肢的脊神经。

医学基础知识

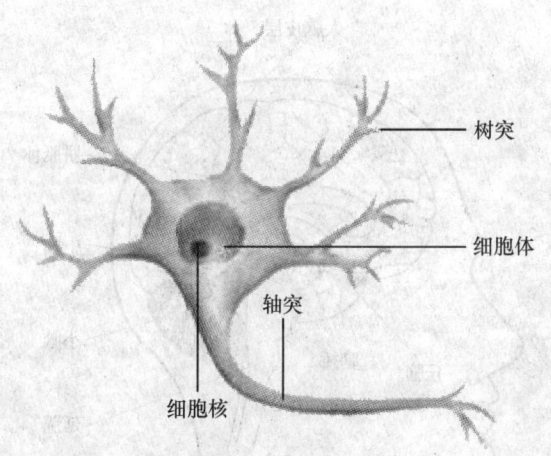

图 3—3 神经元结构

脊髓末端变细，呈圆锥状，称为脊髓圆锥，于第 1 腰椎下缘处续为由软脊膜构成的无神经组织细丝，称终丝。终丝向下止于尾骨的背面。

　　脊髓表面借前后两条纵沟分为左右对称的两半。脊髓保留有明显的节段性。与每一对脊神经相对应的脊髓部分，称为一个脊髓节段。根据脊神经的数目，脊髓可分为 31 个节段，即 8 个颈节（C）、12 个胸节（T）、5 个腰节（L）、5 个骶节（S）和 1 个尾节（Co）。

　　脊髓由灰质和白质构成，中央有中央管。灰质位于中央，呈 H 形或蝶形，由大量的神经元胞体和树突聚集而成，形态和功能相似的细胞形成界线比较分明的神经核；白质位于灰质周围，外观呈白色。脊髓的主要功能是反射和传导。

　　2）脑。脑位于颅腔内，形态和功能均较脊髓复杂。脑可分为大脑、间脑、中脑、后脑（包括脑桥和小脑）以及延髓五个部分，延髓向下经枕骨大孔连接脊髓。通常把中脑、脑桥和延髓合称为脑干，如图 3—5 所示。

　　脑干自下而上由延髓、脑桥和中脑三部分

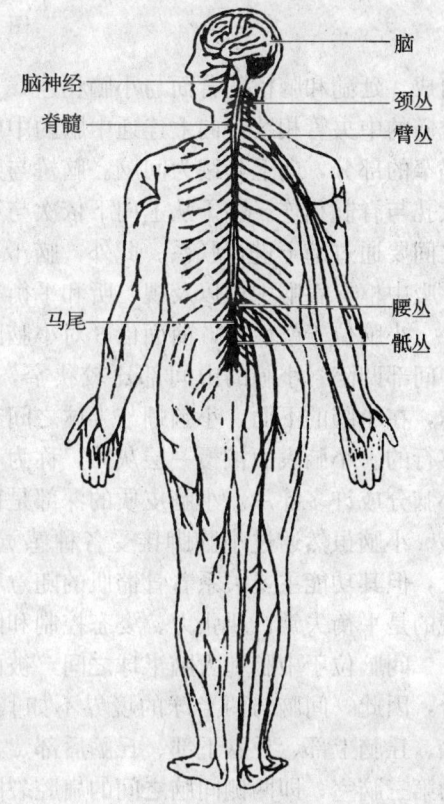

图 3—4 中枢神经系统图

单元 3

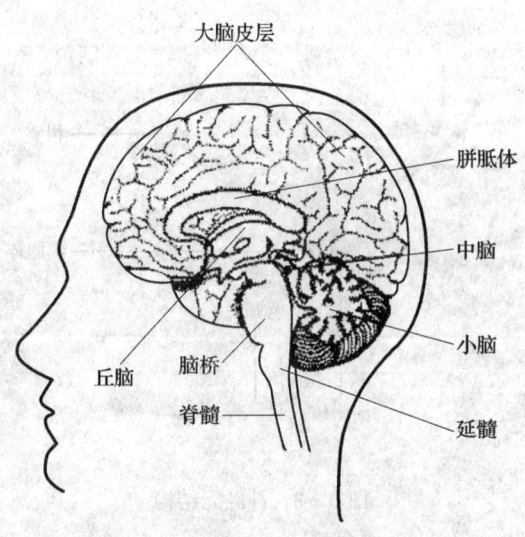

图 3—5 脑结构

组成。延髓和脑桥的背面与小脑相连，它们之间的室腔为第四脑室，此室向下与延髓和脊髓的中央管相续，向上连通中脑的中脑水管。室底呈菱形，故称菱形窝。中脑是较为缩窄的部分，向上延续为间脑。脑桥与延髓卧在枕骨基底部斜坡上，延髓向下经过枕骨大孔与脊髓相连。脑干从上向下依次与第3～12对脑神经相连，大脑皮质、小脑、脊髓之间要通过脑干进行联系。此外，脑干中还有许多重要神经中枢，如心血管运动中枢、呼吸中枢、吞咽中枢以及视、听和平衡等反射中枢。

小脑位于颅后窝，前面借3对小脑脚连接于脑干的背面。小脑的上面平坦，下面的中间部凹陷。小脑的中间部比较狭窄，盘曲如环，称为小脑蚓，两侧部膨大，称小脑球，在小脑的下面，小脑蚓与半球之间有纵沟分隔，而在小脑的上面，两者之间是相互移行的。小脑表面被覆一层灰质，称为小脑皮质，皮质表面有许多大致平行的浅沟，将小脑分成许多叶片。小脑皮质的深部是白质髓体，在髓体里埋藏着的灰质核团称为小脑核。小脑虽然通过小脑脚接受各种感觉信息，并且也没有发出纤维直接影响运动神经元，但其功能主要关系着骨骼肌的随意和不随意运动。因为小脑损伤或截除时，主要表现的是平衡失常，肌张力、姿态控制和随意运动的协调不正常。

间脑位于中脑和大脑半球之间，被两侧大脑半球所掩盖。其外侧部与半球的实质联合，因此，间脑与两半球的境界不如其他脑部之间那样明显。间脑从形态上区分为丘脑、丘脑上部、丘脑下部、丘脑后部、丘脑底部。后者只能从切面上看到。间脑的室腔为第三脑室，即两侧间脑之间的扁腔裂隙。下接中脑水管，上经两侧室间孔通向两侧大脑半球的侧室。功能上，丘脑上部同丘脑之间没有密切联系。丘脑下部与管理内脏和代谢活动有关，结构和功能都非常复杂。

大脑又称端脑，是脑的最大部分，被大脑纵裂分为两个大脑半球，纵裂的底有胼胝体，为连接两半球的巨大纤维束。胼胝体前端向下连接终板。终板虽组成第三脑室的前壁，但它属于大脑。人的大脑高度发展，遮盖着间脑和中脑，也掩盖小脑。大脑半球和小脑之间有大脑横裂。大脑两半球表面有一层灰质称为大脑皮质，深部是大脑髓质，埋在髓质内的灰质核团，称为基底核。左、右大脑半球内部有一腔隙，称为侧脑室。大脑半球表面布满深浅不同的沟，沟与沟之间有隆起的回。大脑半球的沟、回不仅有个体差异，即使在一大脑的两个半球上也可有不同。脑具有高级功能。人的大脑皮质高度发达，是人体各种生理功能的最高级调节中枢。它除具有感觉和对躯体、内脏活动的调节功能外，还有更为复杂的整合功能，如觉醒与睡眠、学习与记忆以及语言与思维等，这些高级功能主要属于大脑皮质的活动。当大脑皮质活动时，也伴有生物电变化，它是研究皮质功能活动的重要指标之一。

(2) 周围神经系统。周围神经系统包括除脑和脊髓以外的神经干、神经丛、神经节以及神经终末结构。可分为与脑相连的脑神经及其神经节，与脊髓相连的脊神经及其神经节，以及内脏神经的周围部，如图3—6所示。

脊神经共31对，包括8对颈神经，12对胸神经，5对腰神经，5对骶神经和1对尾神经。每对脊神经借前根和后根与脊髓相连。前、后根均由许多神经纤维组成的根丝所构成，前根属运动性，后根属感觉性，两者在椎间孔处合成一条脊神经干。后根在椎间孔附近有一椭圆形膨大，称为脊神经节。在椎间孔内，脊神经前方是椎间盘和椎体，后方是椎间关节及韧带，在脊柱病变，如椎间盘脱出和椎骨骨折时常可累及脊神经，出现感觉和运动障碍。脊神经是混合性神经，其感觉纤维始于脊神经节的假单极神经元。假单极神经元的中枢突组成后根入脊髓；周围突加入脊神经，分布于皮肤、肌、关节以及内脏的感受器等，将躯体与内脏的感觉冲动传向中枢。运动纤维由脊髓灰质的前角、胸腰部侧角和骶副交感核运动神经元的轴突组成，分布于横纹肌、平滑肌、心肌和腺体。

脑神经是与脑相连的周围神经，共12对，以罗马数字Ⅰ～Ⅻ表示，分别为嗅神经Ⅰ、视神经Ⅱ、动眼神经Ⅲ、滑车神经Ⅳ、三叉视神经Ⅴ、展神经Ⅵ、面神经Ⅶ、前庭蜗（位听）神经Ⅷ、舌咽神经Ⅸ、迷走神经Ⅹ、副神经Ⅺ和舌下神经Ⅻ。脑神经的成分较脊神经复杂，含有以下7种纤维成分。

1) 一般躯体传入纤维分布于皮肤、肌、肌腱和关节等处。

2) 特殊躯体传入纤维分布于由外胚层分化形成的特殊感觉器官，包括位听器和视器。

3) 一般内脏传入纤维分布于内脏、心血管和腺体部。

4) 特殊内脏传入纤维分布于味蕾和嗅黏膜。

5) 一般躯体运动纤维支配眼球外肌、舌肌。

6) 一般内脏运动纤维支配平滑肌、心肌和腺体。

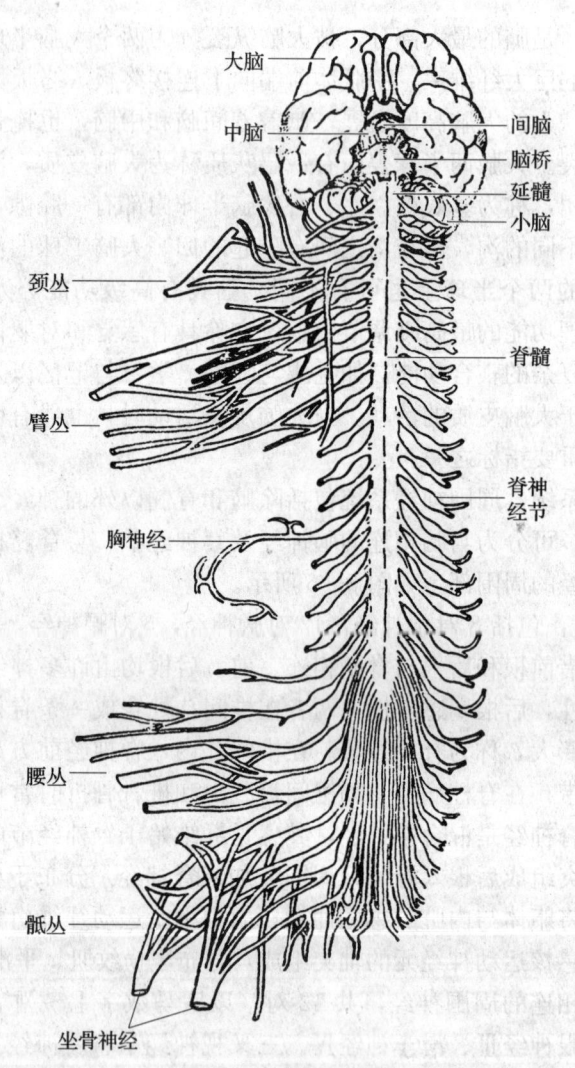

图 3—6 周围神经系统

7) 特殊内脏运动纤维支配由鳃弓衍化的横纹肌,如咀嚼肌、面肌和咽喉肌等。

(3) 内脏神经。内脏神经是分布于内脏、心血管和腺体的神经。分为内脏感觉和内脏运动两种纤维成分。内脏运动神经调节心肌、平滑肌的运动和腺体的分泌,通常不受人的意志控制,故有人将内脏运动神经称为自主神经,又因它主要是控制和调节动、植物共有的物质代谢活动,并不仅仅支配动物所特有的骨骼肌运动,所以也称为植物神经。植物神经又分为交感神经、副交感神经两部分。内脏感觉神经与躯体感觉神经一样,其初级感觉神经元细胞体也位于相应的脑神经节和脊神经节内,周围支则分布于内脏和心血管等处的内感受器。

2. 循环系统

循环系统是由人体内一系列封闭的管道所组成，包括心血管系和淋巴系。在心血管系内流动的是血液，在淋巴系内流动的是淋巴液。心血管系由心脏、动脉、毛细血管和静脉组成，如图3—7所示。淋巴系由淋巴管道、淋巴器官和淋巴组织所组成。淋巴系是心血管系的辅助管道，淋巴液最后流到静脉中。

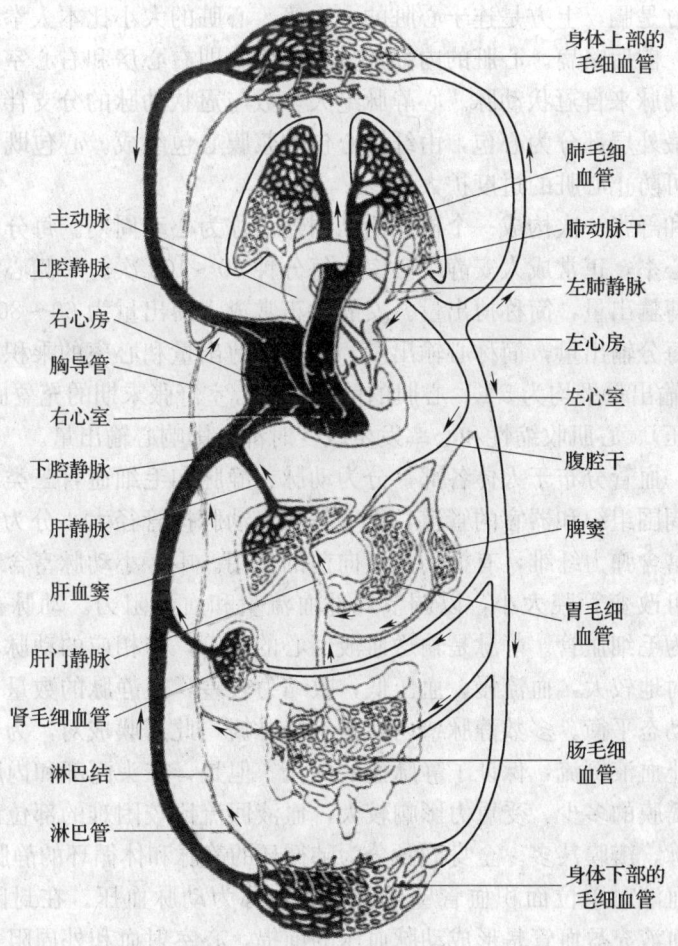

图3—7 循环系统

循环系统的主要功能是在神经系统和体液的调节下，不断地将消化系统吸收的营养物质、肺吸入的氧和内分泌器官及细胞分泌的激素等运送到全身各器官的组织和细胞，同时又把它们产生的代谢产物如二氧化碳、尿素等运至肺、肾和皮肤等器官排出体外，以维持机体内环境的相对稳定。淋巴系还参与机体的免疫反应。

(1) 心脏。心脏是中空的肌性器官,主要由心肌构成,具有节律性收缩的机能,是心血管系统的"动力泵"。它能从静脉吸回血液,再推入动脉,使血液在血管内周而复始地流动。

心脏位于胸腔下纵隔的中纵隔内,为心包所包裹。心脏前面为胸骨体和第2~6肋软骨。心脏两侧与肺及胸膜相邻。心脏后面平对第5~8胸椎,紧邻食管及胸主动脉等结构。心脏下方是膈,上方是连于心脏的大血管。心脏的大小比本人拳头稍大,形状呈倒置的圆锥体,前后略扁。心脏的内部共分4个腔,即右心房和右心室,左心房和左心室。心脏营养动脉来自冠状动脉。心静脉绝大多数与冠状动脉的分支伴行。最后汇入右心房。心脏的最外层部分为心包,由纤维心包和浆膜心包组成。心包既可减少心脏搏动时的摩擦,又可防止心脏的过度扩大。

心肌收缩和舒张一次构成一个机械活动周期,称为心动周期。每分钟心跳的次数称为心跳频率即心率,正常成人安静时心率为每分钟60~100次。一侧心室收缩一次泵出的血量称为每搏输出量,简称搏出量。安静时正常成人搏出量为60~80 mL。每分钟搏出的血量称为每分输出量,简称心输出量,它等于搏出量和心率的乘积,按心率每分钟75次计算,心输出量平均为5 L。心肌的前负荷(心室舒张末期的充盈血量)、心肌的后负荷(动脉血压)、心肌收缩性和心率发生改变时都会影响心输出量。

(2) 血管。血管分布于人体各部,分为动脉、静脉和毛细血管三类。动脉是把血液从心脏运送到周围组织和器官的管道,管壁较厚,动脉按管径大小分为大、中、小动脉三类。大动脉富含弹力纤维,有推动血液向前的作用。中、小动脉富含平滑肌,在神经体液的调节下可改变管腔大小,以调节局部血流量和血流阻力。动脉在行程中越分越细,最后移行为毛细血管。静脉是输送血液回心的血管,与相应的动脉相比,静脉管壁较薄,管腔相对地较大,血流慢,血压低,收缩力较差,但静脉的数量比动脉多,以实现血液循环的动态平衡。多数静脉壁内,具有静脉瓣,此瓣膜成对,为半月状小袋,袋口向心,可防止血液倒流,保证了静脉血的回流。但是,在头面部和内脏的静脉通常不具有静脉瓣。瓣膜的多少,受重力影响较大,血液回流比较困难的部位静脉瓣就多,尤其是下肢的静脉,瓣膜甚多。全身静脉分为肺循环的静脉和体循环的静脉两部分。

动脉内的血液对单位面积血管壁的侧压力,称为动脉血压。在封闭的心血管系统中,足够量的血液充盈血管是形成动脉血压的前提,心室射血和外周阻力两个根本因素相互作用形成了动脉血压。心室收缩时,动脉血压升高,所达到的最高值称为收缩压;心室舒张时,动脉血压降低,所达到的最低值称为舒张压;收缩压和舒张压的差值称为脉搏压,简称脉压;平均动脉压大致等于舒张压加1/3脉压。

(3) 淋巴系统。淋巴管道按管径大小分为毛细淋巴管、淋巴管、淋巴干和淋巴导管。淋巴器官包括淋巴结、脾、胸腺和扁桃体等,主要由淋巴组织构成。

组织液的生成和回流是在毛细血管壁固有通透性的前提下的一种物理现象，是血浆被滤出生成组织液，还是组织液回流入血液，取决于有效滤过压。有效滤过压公式为：

有效滤过压＝（毛细血管血压＋组织液胶体渗透压）－（血浆胶体渗透压＋组织液静水压）

动脉端有效滤过压为＋1.33kPa，动脉端生成组织液。静脉端为－1.07kPa，组织液的大部分在静脉端被吸收入血液，少量则进入淋巴管，形成淋巴液，再由淋巴管运回血液。影响组织液生成的因素有毛细血管血压、血浆胶体渗透压、毛细血管壁通透性改变和淋巴液回流障碍。

3. 呼吸系统

（1）呼吸系统的构成。呼吸系统由呼吸道和肺两大部分组成。呼吸道包括鼻、咽、喉、气管和各级支气管，临床上常把鼻、咽和喉称上呼吸道，把气管和各级支气管称下呼吸道。肺由肺实质、支气管树、肺泡以及肺间质（结缔组织、血管、淋巴管、淋巴结和神经）组成，表面包有脏胸膜。

1）鼻。鼻由外鼻、鼻腔和鼻窦三部分组成，它是呼吸道的起始部，也是嗅觉器官。外鼻由鼻骨和鼻软骨作支架，被覆皮肤和少量皮下组织。骨部表面的皮肤薄而松弛，软骨部表面的皮肤较厚，富含皮脂腺和汗腺，痤疮和酒糟鼻可发生于软骨部的皮肤。鼻腔以骨和软骨为基础，内面覆以黏膜。鼻中隔将鼻腔分成左右两腔，各腔向前与鼻孔通往外界，向后经鼻后孔通鼻咽部。鼻窦是鼻腔周围颅骨内一些开口于鼻腔的含气空腔，共4对，即上颌窦、额窦、筛窦和蝶窦。

2）喉。喉不仅是呼吸的管道，也是发音的器官。它以软骨为基础，借关节、韧带和肌肉连接而成。喉位于颈前部中份，上借甲状舌骨膜与舌骨相连，向下与气管相续。喉的前面为舌骨下肌群，后为咽，并与之紧密相连，两侧为颈部的大血管、神经及甲状腺侧叶。

3）气管。气管位于食管前方，上接环状软骨，经颈部正中，下行入胸腔。根据气管的行程与位置可分为颈、胸二部，在胸骨角平面（平对第4胸椎椎体下缘）分为左、右主支气管，气管由16~20个"C"形的软骨环以及连接各环之间的结缔组织和平滑肌构成，气管内面衬以黏膜。气管后壁缺少软骨，由纤维组织膜封闭，称为膜壁。左主支气管与右主支气管相比较，前者较细长，走向倾斜；后者较粗短，走向较前者略直，所以经气管堕入的异物多进入右侧。

4）肺。肺位于胸腔内，左、右两肺分居膈肌的上方和纵隔两侧。肺大致呈圆锥形，具有一尖一底、肋面和内侧面，以及前缘和下缘。肺由实质和间质两部分构成。肺的实质即肺内各级支气管和肺泡，肺的间质为肺内的结缔组织、血管、淋巴和神经等。主支气管在肺内反复分支，越分越细，当分支的管径为1mm左右时，称为细支气管。一根细支气管及其各级分支和所属的肺泡共同构成一个肺小叶。肺泡是进行气体交换的场所。相邻肺泡之间的薄层结缔组织称为肺泡隔。肺泡内气体与血液内气体分子交换所通过的结构，称为血—气屏障。

5) 胸膜。胸膜包括脏胸膜和壁胸膜。胸膜是一薄层浆膜，脏胸膜与壁胸膜在肺根处相互移行，脏胸膜与壁胸膜之间是一个封闭的浆膜囊腔隙，即胸膜腔，左右胸膜腔互不相通。胸膜腔内仅有少量浆液，可减少呼吸时的摩擦。胸膜腔内为负压，有利于吸气和呼气，脏胸膜与壁胸膜相互贴附在一起，所以胸膜腔实际上是两个潜在性的腔隙。左右纵胸隔膜间全部的器官、结构与组织构成了纵隔。

(2) 呼吸。肺的生理功能即呼吸。机体与外界环境之间的气体交换过程，称为呼吸。机体从大气摄取新陈代谢所需要的氧气，排出所产生的二氧化碳。因此，呼吸是维持机体新陈代谢和内环境稳定的基本生理过程。

呼吸的全过程如下：

1) 肺通气。即肺与大气间的气体交流。

2) 肺换气。即肺泡与肺毛细血管血液之间的气体交换。

3) 气体运输。血液把自肺部摄取的氧运送到组织细胞，并把组织细胞产生的二氧化碳运送到肺。

4) 组织换气。即组织细胞与组织毛细血管血液之间的气体交换。肺通气与肺换气合称为外呼吸，组织换气称为内呼吸。

肺通气的原动力是呼吸肌舒张或收缩引起的呼吸运动。直接动力是肺泡气与大气之间存在的压力差。

4. 消化系统

消化系统由消化管和消化腺组成，如图3—8所示，其功能是消化食物，吸收营养，排出消化吸收后的食物残渣。咽与口腔还参与呼吸和语言的活动。

(1) 消化管。消化管是一条从口腔到肛门粗细不等的管道。自上而下，依次为：口腔、咽、食管、胃、小肠（十二指肠、空肠、回肠）及大肠（盲肠、阑尾、结肠、直肠、肛管）。临床上通常把从口腔到十二指肠部分称上消化道，空肠以下的部分称下消化道。

1) 口腔。口腔是消化系统的起始部，前为上下唇，两侧为颊，上为腭，下为口底。向前经口唇围成的口裂通向外界，向后经咽峡与咽相通。

2) 咽。咽是漏斗形肌性管道，位于第1～6颈椎前方，上方固着于颅底，向下于第6颈椎下缘续于食管。咽的后壁及侧壁完整，其前壁分别通鼻腔、口腔及喉腔。咽腔分别以软腭与会厌上缘为界，分为鼻咽、口咽和喉咽3部。

3) 食管。食管为肌性管道，上端起自咽下缘，相当于环状软骨或第6颈椎下缘。下端终于胃贲门，相当于第11胸椎水平，前方平对第7肋软骨。食管经颈部和胸部，穿过膈肌的食管裂孔进入腹腔，故可分为颈部、胸部和腹部三部分。食管的管径并非上下均匀一致，由于食管本身的结构特点以及邻近器官的影响，食管呈现3个狭窄部。第一

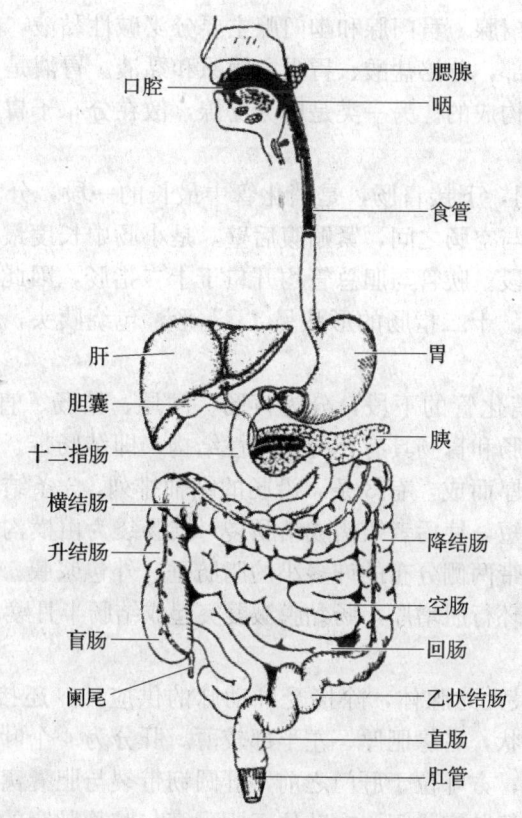

图 3—8 消化系统

狭窄部，即食管的起始部，位于咽与食管交接处，距中切牙 15 cm；第二狭窄部位于气管叉水平，左主支气管跨越其前方，相当于胸骨角或第 4 与第 5 胸椎椎间盘水平，距中切牙 25 cm；第三狭窄部位于胃食管通过膈食管裂孔处，相当于第 10 胸椎水平，距中切牙 37～40 cm。

4）胃。胃是消化管最膨大的部分，上连食管，下续十二指肠。胃的大小和形态可随其充盈程度、体位以及体型等状况而不同。胃分上下两口、大小两弯和前后两壁，并可分为 4 部。胃的上口称为贲门，接食管。下口称幽门，通十二指肠。胃小弯相当于胃的右上缘，自贲门延伸到幽门。胃大弯起始于贲门切迹，呈弧形凸向左上方，形成胃底的上界，此后胃大弯弧形凸向左，继而凸向下方，直至第 10 肋软骨平面。胃的 4 部包括贲门部、胃底、胃体与幽门部。

胃的主要功能是暂时储存食物。食物入胃后，将受到胃液的化学性消化和胃壁肌肉的机械性消化，是小肠内消化的准备阶段。

胃黏膜是一个复杂的内分泌器官，胃黏膜内有两类分泌腺。一类是外分泌腺，主要有贲门腺、泌酸腺和幽门腺。贲门腺和幽门腺主要分泌碱性黏液,泌酸腺分布在全胃黏膜的2/3的胃底和胃体部,分泌盐酸、胃蛋白酶原和黏液。胃液是由这3种腺体以及胃黏膜上皮细胞的分泌物构成的。另一类是内分泌腺,散在分布于胃黏膜中,如分泌促胃液素的G细胞等。

5)小肠。上起幽门,下接盲肠,是消化管中最长的一段,分为十二指肠、空肠与回肠。十二指肠介于胃与空肠之间,紧贴腹后壁,是小肠中长度最短、管径最大、位置最深且最为固定的小肠段。胰管与胆总管均开口于十二指肠,因此,它既接受胃液,又接受胰液和胆汁的注入。十二指肠的形状呈"C"形,包绕胰头,可分上部、降部、水平部和升部四部。

6)大肠。大肠是消化管的下段,分为盲肠、阑尾、结肠、直肠和肛管。除直肠、肛管以及阑尾炎外,结肠和盲肠具有3种特征性结构,即结肠带、结肠袋和肠脂垂。结肠带由肠壁的纵行肌增厚而成,有3条,沿肠的纵轴排列,3条结肠带均汇集于阑尾根部。由于结肠带较肠管短,使后者皱褶成结肠袋,结肠袋为由横沟隔开向外突出的囊状突起。肠脂垂为沿结肠带两侧分布的许多小的脂肪垂,外包浆膜。在结肠的内面,相当于结肠袋间的横沟处,环行肌增厚,肠黏膜皱襞突起成结肠半月襞。

(2)消化腺

1)肝。肝为人体最大的腺体,除接受肝动脉的供应外,还接受肝门静脉的注入。活体的肝色棕红,呈楔状,右缘肥厚,左半部较薄。肝分为4个叶:左叶位于肝圆韧带裂和静脉韧带的裂左侧;方叶位于肝门之前,肝圆韧带裂与胆囊窝之间;尾状叶位于肝门之后静脉韧带裂与腔静脉窝之间;右叶位于胆囊窝与腔静脉窝的右侧。肝的脏面在左叶与胃前壁相邻,后上部邻接食管的腹部;在右叶,前部与结肠右曲相接,中部近肝门处邻接十二指肠上曲,后部邻接右肾和右肾上腺。

由肝细胞产生胆汁,经肝内各级胆管收集,出肝门后,再经肝外胆道输送到十二指肠。肝外道包括肝左管、肝右管、肝总管、胆囊管、胆总管、胆囊等。

肝的功能极为复杂和重要,它是机体新陈代谢最活跃的器官,参与蛋白质、脂类、糖类和维生素等物质合成、转化与分解。此外,激素、药物等物质的转化和解毒、抗体的生成以及胆汁的生成与分泌均在肝内进行。胚胎时期,肝是造血器官之一,胚胎第四个月后该功能逐渐被骨髓所代替。成人肝仍参与造血调节和保留造血的潜能。故在某些病理情况下,肝可恢复其造血功能,因此肝脏的作用远超过了消化的范畴。

2)胰。胰是消化腺中重要的大消化腺,由外分泌和内分泌两部分组成。外分泌部分分泌的胰液含有多种消化酶,有分解消化蛋白质、糖类和脂肪的作用。内分泌部即胰岛,散在于胰实质内(胰尾较多),主要分泌胰岛素,直接进入血液,参与调节糖代谢。

胰是一个狭长形的腺体,质地柔软,呈灰红色横卧于腹后壁,与第1~2腰椎水平。

胰分为头、体、尾3部，各部无明显界线。胰管是胰液的主要排泄管，位于胰实质内，接近胰的后方，与胰的长轴一致，起于胰尾，从左向右横贯胰的全长，沿途接收许多小叶间导管，最后于十二指肠降部的壁内与胆总管汇合成肝胰壶腹，开口于十二指肠大乳头。胰管在胰头上部常分出一小管，位于胰管上方，称副胰管，开口于十二指肠小乳头。

5. 泌尿及生殖系统

（1）泌尿系统。泌尿系统包括肾、输尿管、膀胱和尿道4部分。人体的代谢产物，如尿素、尿酸等，通过血液循环由肾动脉到达肾，经肾的滤过、重吸收和分泌形成尿液，再由输尿管送入膀胱储存，排尿时通过尿道排出体外，如图3—9所示。

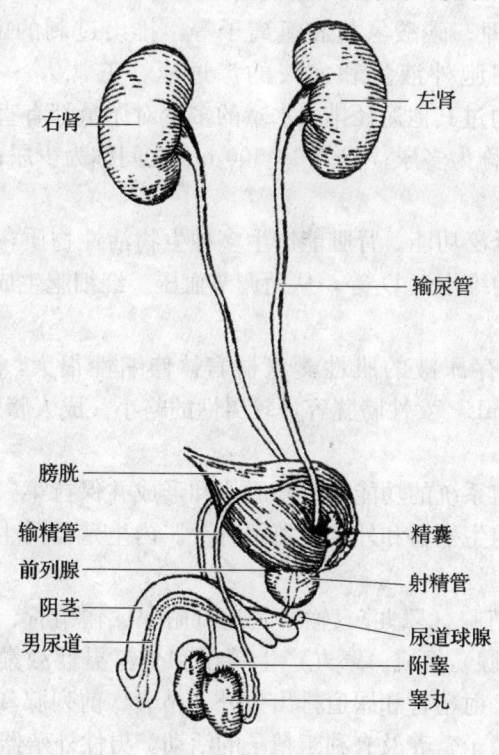

图3—9 泌尿系统

1）肾。肾左、右各一，呈红褐色，是尿液产生的器官。肾位于脊柱两侧，紧贴腹后壁。左肾比右肾高1/2～1个椎体。肾门的体表投影称肾区，位于竖脊肌外侧缘和第12肋的夹角处，肾炎和肾盂肾炎时可有叩击痛。肾的位置随年龄、性别、体型、体位的不同而有差异。

在肾的额状切面上，肾实质可分为表层的肾皮质和深层的肾髓质。肾皮质血管丰富，色暗红，主要由肾小体组成，是肾的泌尿部。皮质深入髓质的部分称为肾柱。肾髓质由集合管和乳头管组成，色较浅，是肾的排泄部。髓质由 15~20 个圆锥形的肾锥体构成，其尖端圆钝，朝向肾窦，称为肾乳头，有时 2~3 个肾锥体合成 1 个肾乳头，每个肾有 7~12 个肾乳头。肾乳头尖端有乳头管的开口，尿液由此流入肾小盏。肾小盏是包绕肾乳头呈漏斗状的膜性短管。2~3 个肾小盏合成一个肾大盏，每个肾有 2~3 个肾大盏，所有肾大盏合并成一个扁平漏斗状的肾盂，出肾门后变窄移行为输尿管。

肾脏的功能首先是泌尿功能。通过尿液的生成和排出，肾脏排出种类繁多、数量大的各种物质，并随机体的变化而改变尿量和尿中成分的排出量。因此，肾脏是机体内最重要的排泄器官，表现在：排泄大量代谢的终产物以及进入体内的异物；保留体内重要电解质，如钠、钾、碳酸氢盐和氯离子等，排出过剩的电解质，尤其是 H^+，维持酸碱平衡；调节细胞外液量和血液的渗透压。正常人一昼夜尿量为 1 000~2 000 mL，摄入水量或通过其他途径排出水量的多少对尿量都有直接影响。每昼夜尿量经常超过 2 500 mL 时，称为多尿；在 100~500 mL 之间称为少尿；低于 100 mL 时，称为无尿。

肾的另一功能是内分泌功能。肾脏能产生多种生物活性物质，如肾素、促红细胞生成素、前列腺素和羟化的维生素 D_3 等，从而调节血压、红细胞生成和骨骼生长发育等活动。

2）膀胱。膀胱是储存尿液的肌性囊状器官，伸缩性很大，成人容尿量为 350~500 mL，最大可达 800 mL，女性膀胱容量较男性的略小。成人膀胱在空虚时呈锥体形，分尖、体、底和颈 4 部。

(2) 生殖系统。生殖系统的功能是繁殖后代和形成并保持第二性征。男性生殖系统和女性生殖系统都包括内生殖器和外生殖器两部分。内生殖器由生殖腺、生殖管道和附属腺组成。

男性内生殖器由生殖腺（睾丸）、输精管道（附睾、输精管、男性尿道）和附属腺（精囊、前列腺、尿道球腺）组成。睾丸产生精子和分泌男性激素，精子先储存于附睾内，当射精时经输精管、射精管和尿道排出体外。精囊、前列腺和尿道球腺的分泌液参与精液的组成，并供给精子营养及有利于精子的活动。男性外殖器为阴茎和阴囊。

前列腺是不成对的实质性器官，由腺组织和平滑肌组织构成。前列腺的大小和形状如栗子，重 8~20 g。前列腺的分泌物是精液的主要组成部分。前列腺一般分为 5 叶：前叶、中叶、后叶和两侧叶。老年人因激素平衡失调，前列腺结缔组织增生而引起的前列腺肥大，常发生在中叶和侧叶，从而压迫尿道，造成排尿困难甚至尿潴留。

女性内生殖器位于盆腔内，包括卵巢、输卵管、子宫和阴道。卵巢即女性生殖腺，为产生卵子和分泌雌激素的器官。输卵管是输送卵子和受精的管道。子宫有孕育胎儿和定期产生月经的作用。阴道是分娩胎儿和排出月经的器官。外生殖器包括阴阜、大阴唇、小阴唇、阴蒂、前庭大腺、阴道前庭和处女膜。

6. 内分泌系统

内分泌系统是神经系统以外的一个重要调节系统,包括弥散神经内分泌系统和固有内分泌系统。其功能是将体液性信息物质传递到全身各细胞,发挥其对全身不同部位靶细胞的生物作用,参与调节机体各器官的新陈代谢、生长发育和生殖等活动,保持机体环境的平衡和稳定。

弥散神经内分泌系统可分为中枢部和周围部。中枢部包括下丘脑—垂体和松果体细胞。分泌促肾上腺皮质激素、胰岛素、生长激素、黄体生成素、生长抑制素等。周围部包括分散在胃肠道、肺、脑、肝、心肌、泌尿生殖道、血管、血液等处散在的内分泌细胞。它们分泌的物质是胃泌素、促肾上腺皮质激素、高血糖素、生长抑制素、胃肠动素等。

固有内分泌系统是由无管腺组成的内分泌器官构成,包括垂体、甲状腺、甲状旁腺、肾上腺、胰岛、松果体、胸腺和性腺等。内分泌器官的分泌物称为激素,直接进入血液,经血液循运输到某种特定的细胞或组织,即靶器官,从而对人体的新陈代谢、生长、发育、生殖等发挥重要的调节作用。

(1) 垂体。垂体是机体内最重要的内分泌腺,它分泌多种激素,调控其他许多内分泌腺。垂体借垂体柄与下丘脑相连,在神经系统与内分泌腺的相互作用中起重要作用。垂体位于颅底蝶鞍垂体窝内,呈卵圆形,外包硬脑膜。根据发生和结构特点,垂体分为腺垂体和神经垂体两部分。腺垂体位于前方,可分为远侧部、结节部和中间部;神经垂体位于后方,分为神经部和漏斗。远侧部和结节部统称前叶,分泌生长激素、促甲状腺激素、促肾上腺皮质激素和促性腺激素等。中间部和神经部统称为后叶,能储存和释放加压素和催产素。

(2) 甲状腺。甲状腺位于颈前,棕红色,呈"H"形。它由左、右两侧叶和中间的峡部组成。甲状腺外有纤维囊包裹,并伸入腺组织,将腺体分为大小不等的小叶。甲状腺侧叶与环状软骨之间常有韧带样结缔组织相连,故吞咽时,甲状腺随喉上下移动。甲状腺分泌甲状腺素,可调节机体的基础代谢,并影响生长和发育等。

(3) 甲状旁腺。甲状旁腺为两对扁椭圆形小体,棕黄色,形状大小如黄豆,贴附于甲状腺侧叶的后面。上一对多在侧叶后面的中上 1/3 交界处,下一对多在甲状腺下动脉附近。

(4) 肾上腺。肾上腺是人体中重要的内分泌腺,左、右各一,金黄色,位于腹膜之后间隙内,肾的上内方。左侧肾上腺近似半月形,右侧肾上腺呈三角形。腺体的前面有不太明显的门,是血管、神经出入之处。肾上腺外包被膜,其实质分为外部的皮质和内部的髓质。肾上腺皮质约占整个腺体的90%,分泌盐皮质激素、糖皮质激素和性激素。肾上腺髓质约占腺体的10%,分泌肾上腺素和去甲肾上腺素。

单元 3

(5) 松果体。松果体又称松果腺或脑上体,属神经内分泌系统。松果体为一椭圆形小体,形似松果,色灰红,位于上丘脑后上方,以柄附于第三脑室顶的后部。松果体在儿童期比较发达,一般7岁后开始退化,成年后部分钙化形成钙斑。松果体可合成和分泌褪黑素等多种活性物质。

(6) 胸腺。胸腺是一个淋巴器官,兼有内分泌功能,主要分泌胸腺素和促胸腺生成素等具有激素作用的活性作用。胸腺位于胸腔上纵隔的前部,分左右叶,呈长扁条状,质地柔软,两叶借结缔组织相连。胸腺在出生后两年内生长很快,在两岁时,其相对体积最大,以后随年龄继续增长,至青春期发展达顶点,青春期以后,胸腺逐渐退化,成人的胸腺虽然保持原形,但其中的胸腺组织有许多已被脂肪组织所代替。

7. 运动系统

运动系统由骨、关节和骨骼肌组成,约占成人体重的60%。全身各骨借关节相连形成骨骼,构成坚硬骨支架。骨骼维护人体基本形态,支持体重,保护内脏。骨骼肌附着于骨,在神经系统支配下,收缩时,以关节为支点牵引骨改变位置,产生运动。运动中,骨起着杠杆作用,关节是运动的枢纽,骨骼肌则是动力器官。因此,骨骼肌是运动系统的主动部分,骨和关节是运动系统的被动部分。

(1) 骨。骨是一种器官,主要由骨细胞、胶原纤维和基质构成,具有一定形态和构造,外被骨膜,内容骨髓,含有丰富的血管、淋巴管及神经,不断进行新陈代谢和生长发育,并有修复、再生和改建的能力。基质中有大量钙盐和磷酸盐沉积,是钙、磷的储存库,参与体内钙、磷代谢,骨髓具有造血功能。成人有206块骨,可分为颅骨、躯干骨和四肢骨3部分。前二者统称中枢骨。躯干骨包括椎骨、肋、胸骨3部分。它们分别参与脊柱、骨性胸廓和骨盆的构成。

(2) 骨联结。骨与骨之间借结缔组织、软骨和骨相联结。联结的形式有两类:直接联结和间接联结。

直接联结是骨与骨之间借韧带、软骨或骨直接相连,中间不留空隙,一般运动幅度较小。其中有的借致密结缔组织相连,称为纤维联结,这种联结有韧带联结和缝两种形式,如椎弓间的韧带联结、前臂骨之间的骨间膜和颅骨之间的缝等。有的骨借软骨连接相邻的两骨,称为软骨联结,如椎体间的椎间盘,第1肋与胸骨之间的软骨联结等。有的则由骨组织将相邻的骨紧密相连,称为骨性联结,如颅盖骨之间的缝被骨化以后,颅骨之间不再活动。

间接联结是骨与骨之间由膜性的结缔组织囊相联结,中间留有空隙,故而能进行较广泛程度的运动,这种骨联结又称滑膜关节,简称关节,主要分布在四肢。滑膜关节包括基本结构和辅助结构两部分。

(3) 骨骼肌。肌附着于骨,由肌腹和肌腱两部分构成。肌腹主要由横纹肌纤维组成,色红、柔软,有收缩能力。肌腹外包有肌外膜。肌腱主要由平行的胶原纤维束构成，色白、强韧，无收缩能力，位于肌腹两端，附着于骨。扁肌的腱性部分称为腱膜。

肌的形态多种多样，按外形分为长肌（多位于四肢）、短肌（多位于躯干深层）、扁肌（多见于胸腹壁）、轮匝肌（在孔裂周围）四种。按功能分为屈肌、伸肌、收肌、展肌、旋后肌、旋前肌等。

8. 皮肤

人的皮肤是人体面积最大的器官，是保护体内组织器官免受机械、物理、化学和生物侵袭的屏障。皮肤由表皮、真皮和皮下组织3部分组成。毛发、指（趾）甲和各种皮脂腺都是皮肤的衍生物。表皮为复层扁平上皮，一般可分为5层，随细胞形态的变化，由深至浅依次为基底层、棘层、颗粒层、透明层和角质层。表皮皮肤中还含有丰富的毛细血管、游离神经末梢及各种感受器。真皮由致密结缔组织构成，富有韧性和弹性，内含许多细小的血管、淋巴和多种感受器（如感受触觉的触觉小体、感受痛觉的游离神经末梢、感受压觉的环层小体）以及皮脂腺、汗腺等。

皮肤具有以下主要功能：

（1）保护作用。皮肤首先是一个保护性屏障，防御外界环境的经常变化以及常常出现的不利条件，并且使得自己适应这些变化。皮肤是预防传染性微生物入侵的第一道防线，皮肤的角化细胞、皮肤的衍生物对人体有明显的保护作用。

（2）皮肤对体温的调节。皮肤是一个重要的体温调节器官，皮肤中的汗腺可以产生汗液，蒸发后带走大量的热量，冷却体表温度。更重要的是皮肤中有丰富的毛细血管，当体温高时，毛细血管扩张，进行微循环，让外界带走大量的热量，而体温低时，毛细血管收缩，将热量保存在体内。皮下的脂肪组织也能起到很好的保温作用。

（3）皮肤中的感受器。皮肤中分布着多种感受器和游离神经末梢，使皮肤具有触觉、温觉、冷觉和痛觉。

（4）皮肤的分泌与排泄。皮肤的分泌与排泄与腺体关系密切，皮脂腺、乳腺等分别分泌皮脂和乳汁等物质，完成润泽、营养等功能。汗腺在出汗的同时也排出盐类和少量的尿素。

第二节 病原微生物

→ 掌握微生物的概念、分类
→ 掌握细菌的形态、结构和细菌的致病因素
→ 掌握病毒的结构特点、致病性及一般防治原则
→ 熟悉常见致病细菌及病毒
→ 掌握真菌的形态结构、致病性及防治原则
→ 了解细菌的繁殖生长条件、真菌与病毒的抵抗力、其他病原微生物的相关知识

微生物是自然界中一些肉眼直接看不见，必须借助光学显微镜或电子显微镜放大才能观察到的微小生物。这些微小生物总称为微生物。微生物虽然个体微小，但具有一定的形态和结构，并能在适宜的环境中迅速生长和繁殖。微生物在自然界中分布极广，土壤、水和空气等自然环境中，都有数量不等的微生物存在。在人类、动植物的体表，以及与外界相通的呼吸道、消化道等腔道中，均有微生物寄生，只是在不同情况下，其种类和数量有所不同而已。正常情况下，寄生在人类口、鼻、咽部及消化道中的微生物对人类是无害的，而且肠道中的大肠杆菌还能合成维生素B、维生素K等，供宿主机体利用，并具有拮抗某些病原菌的作用。绝大多数微生物对人类和动植物是有益的，而且是必需的。没有微生物，植物就不能新陈代谢，人和动物也将无法生存。在医药工业方面，几乎全部抗生素都是微生物的代谢产物。此外，还利用微生物来制造维生素、辅酶、ATP等药物。

自然界中除了对人类有益的多种微生物外，也有一部分微生物能引起人类或动植物病害，这些具有致病性的微生物称为病原微生物。它们可以造成农作物的病害，引起家畜、家禽疾病。某些病原微生物则能引起人类的传染病，例如伤寒、菌痢、流感等。有些微生物在特定条件下能引起疾病，称为条件性病原微生物。

一、细菌

细菌是一种具有细胞壁的单细胞微生物，在适宜条件下，能进行无性分裂繁殖，其形态和结构相对稳定。掌握细菌形态、结构特征，对鉴别细菌、研究致病性、诊断疾病和防治疾病等都有重要意义。

1. 细菌大小与形态

细菌体积微小，一般要用光学显微镜放大几百倍，甚至1 000倍左右才能观察到。

通常以微米（μm）为测量其大小的单位。细菌种类不同，大小差异很大，同一种细菌在不同生长环境中，或在同一生长环境的不同生长繁殖阶段，其大小也有差别。

细菌的基本形态有球状、杆状及螺旋状，根据形态特征将细菌分为球菌、杆菌和螺形菌三大类。

（1）球菌。球菌单个菌细胞基本上呈球状。按细菌生长繁殖时的分裂平面及分裂后排列方式不同，可将球菌分为双球菌、链球菌、葡萄球菌、四联球菌、八叠球菌。

（2）杆菌。杆菌呈杆状，多数为直杆状，也有稍弯的。不同杆菌的大小、长短、粗细差异很大。菌体粗短呈卵圆形的称为球杆菌；菌体末端膨大成棒状的称为棒状杆菌；菌体常呈分枝生长趋势的称为分枝杆菌，大多数杆菌是单个、分散排列的，但有少数杆菌分裂后菌细胞连在一起呈链状，称为链杆菌。

（3）螺形菌。螺形菌细胞呈弯曲或旋转状，可分为弧菌和螺菌。

2. 细菌的结构

细菌的基本结构由细胞壁、细胞膜、细胞质和核质4个部分组成。某些细菌除具有其基本结构外，还有荚膜、鞭毛、菌毛、芽孢等特殊结构，如图3—10所示。

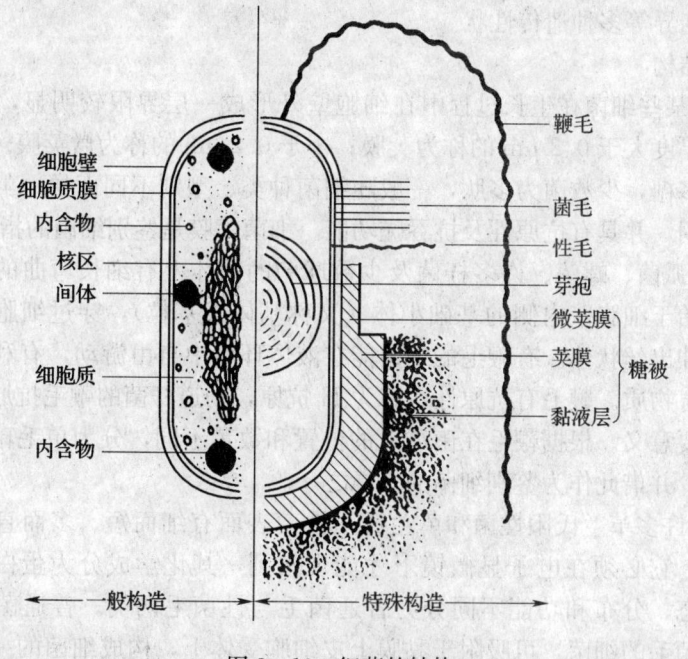

图3—10 细菌的结构

（1）基本结构

1）细胞壁。细胞壁位于细菌的最外层，是一层质地坚韧而略有弹性的膜状结构，其化学组成比较复杂，并随不同细菌而异。用革兰氏染色法可将细菌分为革兰氏阳性菌和革兰氏阴性菌两大类。两类细菌细胞壁的共有组分为肽聚糖，但各自还有其特殊组成成分。

2）细胞膜。细菌细胞膜的结构与真核细胞膜基本相同，是由磷脂和多种蛋白质组成的单位膜，但不含胆固醇。它位于细胞壁内侧，紧包细胞质，是质地柔韧致密而富有弹性的一层半透膜。其功能主要是物质转运、生物合成、分泌和呼吸等，亦是细菌渗透屏障和赖以生存的重要结构之一。

3）细胞质。细胞质是细胞膜所包裹的溶胶状物质，其基本成分是水、蛋白质、核酸和脂类，也含有少量的糖和无机盐。细胞质中 RNA 含量很多，可达菌体固体成分的 15%～20%，使菌体嗜碱性较强，易被碱性染料均匀着色。

细胞质是细菌的合成代谢和分解代谢的场所，含有多种酶系，细菌蛋白质、酶、核酸的合成在其中进行。细胞质是细菌生命活动的物质基础，其中与医学有关的细胞质内亚结构主要有核糖体、质粒、胞质颗粒等。

4）核质。细菌不具有成形的核，无核仁和核膜，其遗传物质称核质或拟核，主要成分是 DNA。细菌的核质具有细胞核的功能，决定细菌的生命活动，控制细菌的生长、繁殖、遗传、变异等多种遗传性状。

（2）特殊结构

1）荚膜。某些细菌在生长过程中在细胞壁外形成一层界限较明显，质地均匀的黏液性物质，其厚度大于 $0.2\ \mu m$ 的称为荚膜；小于 $0.2\ \mu m$ 的称为微荚膜。荚膜的化学成分在多数菌为多糖，少数菌为多肽，一般随细菌种类、型别不同而异。荚膜充当分子筛和黏附素的作用，并具有抗原性及抗吞噬功能。细菌荚膜是鉴别细菌的指标之一。

2）鞭毛。弧菌、螺菌、许多杆菌及少数球菌的菌体上有细长弯曲的丝状物，称为鞭毛。鞭毛起始于细胞壁内侧的基础小体（又称基体或基粒），穿过细胞壁后成为钩状体，由此向外伸出丝状体。有鞭毛的细菌能在液体环境中自由游动，有利于其趋向营养物质而逃避有害物质。鞭毛有抗原性，称为 H 抗原，肠道杆菌的鞭毛抗原在其菌群鉴定和分型时有重要意义。根据鞭毛在菌体上的位置和数量不同，分为单毛菌、双毛菌、丛毛菌和周毛菌，并借此作为鉴别细菌的指标之一。

3）菌毛。许多革兰氏阳性菌和革兰氏阴性菌表面有细而短、多而直的蛋白性丝状体，称为菌毛。它必须在电子显微镜下才能观察到，其化学成分为蛋白质，称为菌毛素。菌毛依形态、分布和功能不同分为普通菌毛与性菌毛两类。普通菌毛遍布菌体表面，具有普通菌毛的细菌，可吸附于黏膜上皮细胞受体上，构成细菌的一种侵袭力，若其菌毛消失，侵袭力也随之丧失。性菌毛仅见于少数革兰氏阴性菌，一个菌体只有 1～4 根，比普通菌毛长而粗，它通过结合方式在细菌间传递遗传物质。

4）芽孢。某些细菌在一定条件下胞质脱水浓缩，在菌体内形成具有多层膜包裹，通透性低的圆形或椭圆形小体，称为芽孢。细菌是否形成芽孢是由菌体内的芽孢基因和芽孢形成条件决定的。不同芽孢菌形成芽孢的大小、形态和位置不同，是鉴别细菌的指标之一。

一个细菌繁殖体只能形成一个芽孢。芽孢成熟后，菌体可崩解，芽孢可从菌体脱落、游离。一般认为，芽孢是细菌的休眠状态，能保存细菌的全部生命活动的必需物质，但不能繁殖。

细菌芽孢并不直接引起疾病，只有在条件适宜时芽孢出芽，一个芽孢形成一个繁殖体，繁殖体大量繁殖而致病。例如人体外伤形成深部创口，若被泥土中的破伤风杆菌芽孢污染，创面上的芽孢出芽成繁殖体，繁殖体在伤口内大量生长繁殖，产生毒素进入血液使人致病。

细菌芽孢可在自然界中存活几年甚至数十年，对理化因素的抵抗力比细菌繁殖体强，若医疗器械、敷料等被其污染，用一般消毒灭菌方法不易杀死，杀灭芽孢最可靠的方法是高压蒸气灭菌。进行消毒灭菌时，应以芽孢是否被杀死作为判断灭菌效果的指标。

3. 细菌生长繁殖的条件

细菌种类繁多，所需生长繁殖条件随细菌种类不同有很大差异，但必须具备以下基本条件。

（1）营养物质。营养物质是构成菌体成分和细菌生命活动所需能量的来源。细菌生长繁殖需要的营养物质有水、碳源、氮源、无机盐和生长因子等。水是细菌细胞的主要成分，细菌营养的吸收和渗透、分泌、排泄均以水为介质；细菌代谢过程中的一切反应，都必须在水中进行。碳源是合成菌体组成成分和作为获得能量的主要来源，病原菌主要从糖类中获得碳。氮源是作为菌体成分的原料，病原菌主要从氨基酸、蛋白质等有机氮化物中获得氮。无机盐可以提供细菌生长的各种元素，构成有机化合物，成为菌体成分；作为酶的组成部分，维持酶的活性；参与能量的储存和转运；调节菌体内外的渗透压。某些元素与细菌的生长繁殖和致病作用密切相关，少数细菌如流行性感冒杆菌在生长繁殖时，还需要生长因子。

（2）氢离子浓度（pH值）。每种细菌都有一个可生长的pH值范围，以及最适生长pH值。大多数病原菌的最适生长pH值为7.2~7.6，个别特殊的细菌例外，如霍乱弧菌在pH值为8.4~9.2生长最好，结核杆菌在pH值为6.5~6.8的培养基中生长更为适宜。

（3）温度。各类细菌对温度的要求不一。按细菌对温度适应程度分为嗜冷菌、嗜温菌和嗜热菌三种。嗜冷菌生长温度范围为-5~30℃，最适生长温度为10~20℃；嗜温菌生长温度范围为10~45℃，最适生长温度为20~40℃；嗜热菌生长温度范围为25~95℃，最适生长温度为50~60℃。一般病原菌生长的最适温度为37℃，与人体的体温相同。

(4) 气体。根据代谢时对分子氧的需要可将细菌分为4类。

1) 专性需氧菌。具有完善的呼吸酶系统，必须在有氧环境下才能生长繁殖。如结核分枝杆菌。

2) 微需氧菌。在低氧压（5%～6%）环境中生长最好，氧浓度大于10%对生长有抑制作用。如空肠弯曲菌、幽门螺杆菌。

3) 兼性厌氧菌。在有氧或无氧环境中都能生长，兼有需氧呼吸和厌氧发酵两种代谢功能，一般是在有氧环境中生长较好。大多数病原菌属于此类。

4) 专性厌氧菌。缺乏完善的呼吸酶系统，只能在无氧环境中生长繁殖。如破伤风梭菌。

4. 细菌的致病性

细菌的致病性是指细菌能引起感染的能力。细菌的致病性是对特定宿主而言，有的仅对人类有致病性，有的只对某些动物有致病性，有的则对人类和动物都有致病性。不同病原菌对宿主可引起不同程度的病理过程和导致不同的疾病，例如伤寒沙门菌感染引起人类伤寒，而结核分枝杆菌则引起结核病，这是由细菌种属特性决定的。

病原菌侵入机体能否致病，与细菌的毒力、侵入机体的数量、侵入门户以及机体的免疫力、环境因素等密切相关。

(1) 细菌的毒力。通常把病原菌的致病性强弱程度称为细菌的毒力。各种病原菌的毒力不尽一致，即使同种细菌也因菌型或菌株的不同而有差异，毒力常用半数致死量（LD_{50}）或半数感染量（ID_{50}）表示，即在一定时间内，通过指定的感染途径，能使一定体重或年龄的某种实验动物半数死亡或感染所需要的最小细菌数或毒素量。因此，致病性是质的概念，毒力是量的概念。

构成毒力的物质基础是侵袭力和毒素。侵袭力是指病原菌突破机体的某些防御功能，在机体内生长繁殖和蔓延扩散的能力。毒素可分为外毒素和内毒素。外毒素是某些细菌在生长繁殖过程中合成的、并能释放到菌体外的毒性蛋白质。能产生外毒素的细菌主要是革兰氏阳性菌。外毒素经甲醛处理后可以脱去毒性但仍保留抗原性，称为类毒素，类毒素可刺激机体产生抗毒素。类毒素和抗毒素是临床防治工作中常用的生物制品。内毒素是存在于革兰氏阴性菌细胞壁的脂多糖成分，只有当细菌裂解时才释放出来。

(2) 细菌的侵入数量与侵入门户。细菌感染的发生，除病原菌必须具有一定毒力外，还需有足够的侵入数量。所需菌量多少与病原菌毒力强弱和机体免疫力高低有关。一般细菌毒力越强，引起感染所需菌量越小；反之需菌量大。如鼠疫耶尔森菌毒力强，在无特异性免疫机体中，有数个细菌侵入即能引起鼠疫；而毒力弱的沙门菌，则需摄入数亿个细菌才能引起急性胃肠炎。

具有一定毒力和数量的病原菌通过特定的侵入门户，才能引起机体感染。病原菌大多具有一种特定的侵入门户，如破伤风杆菌的芽孢，必须侵入缺氧的深部创口才能致病；志贺菌须经消化道侵入引起细菌性痢疾。也有一些病原菌可有多种侵入门户，如结核分枝杆菌可经呼吸道、消化道、皮肤创伤等多个门户引起感染。病原菌有特定的侵入门户，与病原菌生长繁殖需要特定的微环境有关。

(3) 机体的抗菌免疫。病原菌侵入人体，首先要突破机体非特异性免疫的防线，病原菌侵入后一般经7～10天，机体才能产生特异性免疫，机体非特异性免疫与特异性免疫相互配合，共同发挥抗菌免疫作用。

1) 非特异性免疫。非特异性免疫又称先天免疫，是人类在长期的种系发育和进化过程中，逐渐建立起来的一系列天然防御功能。其特点是：生来就有，受遗传基因控制，代代遗传，具有相对稳定性，个体差异小；作用无特异性，不是针对某一特定微生物，而是对各种微生物均有防御能力；再次接触相同微生物防御功能不增减。非特异性免疫的物质基础包括机体的屏障结构（皮肤、黏膜、血脑屏障、胎盘屏障）、吞噬细胞和体液中的抗菌物质。

2) 特异性免疫。特异性免疫又称后天免疫或获得性免疫，是指人体出生后，在生活过程中与病原微生物及其毒性代谢产物等抗原物质接触后产生的免疫防御功能。特点是：后天获得，不是生来就有，不能遗传，是在接触抗原刺激（感染或接种疫苗）后产生的；有明显的特异性，即机体接受某一病原微生物刺激后产生的免疫力，只能对该病原微生物起作用，而对其他微生物不起作用；再次接触相同微生物，免疫力可增加。特异性免疫是在非特异性免疫的基础上建立起来的，分别通过抗体和致敏效应淋巴细胞发挥体液免疫和细胞免疫作用。

5. 常见病原性细菌

(1) 致病性葡萄球菌是引起化脓性感染最常见的病原菌之一，其感染方式可通过皮肤创伤和血行播散。感染特点为脓汁黏稠和病灶局限化。

(2) A群链球菌也是引起化脓性感染的重要病原菌，能产生多种毒性酶类，对人体多种组织、器官有破坏作用。还能引起败血症及超敏反应性疾病。抗O试验可测定近期链球菌感染。

(3) 肺炎链球菌是人类鼻咽部正常菌群，多为继发感染，主要引起大叶性肺炎等。肺炎链球菌的荚膜与致病性有关。

(4) 脑膜炎奈瑟菌是引起人类流行性脑脊髓膜炎（流脑）的病原菌，由呼吸道传播，可用流脑疫苗进行特异性预防。

(5) 淋病奈瑟菌是引起人类淋病的病原菌。由性接触传播。

(6) 肠道杆菌是人类肠道中的革兰氏阴性菌，无芽孢，多数为有鞭毛的杆菌。大肠杆菌是肠道正常菌群，多数为条件致病菌，在肠道能合成维生素B、维生素K供人体吸收利用。

(7) 志贺菌属是引起人类细菌性痢疾的病原菌，可分为4群：痢疾志贺菌（A群）、福氏志贺菌（B群）、鲍氏志贺菌（C群）和宋内志贺菌（D群）。致病物质有菌毛、内毒素、外毒素。可引起人类急性菌痢、慢性菌痢及中毒性菌痢等。

(8) 沙门菌、伤寒、副伤寒菌，可引起伤寒、副伤寒、食物中毒及败血症等。带菌者对伤寒、副伤寒的发生和流行有一定意义。伤寒愈后可获牢固免疫力。肥达反应可作为伤寒、副伤寒的辅助诊断。伤寒、副伤寒可用疫苗进行特异性预防。

(9) 结核分枝杆菌可经呼吸道、消化道及皮肤黏膜等多种途径感染。其致病性可能与细菌的大量繁殖及其代谢产物引起Ⅳ型超敏反应有关，引起肺结核、肠结核、肾结核、结核性脑膜炎、皮肤结核等，以肺结核常见。防治原则为接种卡介苗、联合用药。

二、真菌

真菌广泛分布于自然界，种类繁多，有10余万种。大多对人无害，有的甚至有益。如食用蕈类，有的真菌用于生产抗生素和酿酒等。引起人类疾病的有300余种，包括致病、条件致病、产毒以及致癌的真菌。近年来真菌感染明显上升。这与滥用抗生素引起菌群失调和应用激素、抗癌药物导致免疫力低下有关。

1. 形态与结构

真菌是一种真核细胞型微生物，有典型的细胞核和完善的细胞器。不含叶绿素，无根、茎、叶的分化。真菌比细菌大几倍至几十倍。结构比细菌复杂。细胞壁不含肽聚糖，主要由多糖（75%）与蛋白质（25%）组成。多糖主要为几丁质的微原纤维，由于缺乏肽聚糖，故真菌不受青霉素或头孢菌素的作用。真菌的细胞膜与细菌的区别在于真菌含固醇而细菌无。

真菌可为分单细胞和多细胞两类。单细胞真菌呈圆形或卵圆形，常见于酵母菌或类酵母，对人致病的主要有新生隐球菌和白假丝酵母。这类真菌以出芽方式繁殖，芽生孢子成熟后脱落成独立个体。多细胞丝状真菌能长出菌丝，菌丝延伸分枝，有的菌丝上长出孢子。各种丝状菌长出的菌丝和孢子形态不同，是鉴别真菌的重要标志。

(1) 菌丝。真菌的孢子以出芽方式繁殖。在环境适宜情况下由孢子长出芽管，逐渐延长呈丝状，称为菌丝。菌丝又可长出许多分枝，交织成团称为菌丝体。有的菌丝伸入培养基中吸取养料，称为营养菌丝。有的菌丝向上生长，称为气生菌丝。其中产生孢子的称为生殖菌丝。有的菌丝内能形成横隔，称为隔膜，将1条菌丝分成几个细胞，称为有隔菌丝。大多数致病性真菌均有隔膜，隔膜中有小孔，允许胞质流通。皮肤癣菌、组织胞浆菌和曲霉等孔较大，细胞核亦可通过；有些真菌菌丝无横隔，为无隔菌丝。整条菌丝为1个细胞，在1个细胞内有多个细胞核。

菌丝可有多种形态：螺旋状、球拍状、结节状、鹿角状和梳状等。不同种类的真菌可有不同形态的菌丝，故菌丝形态有助于鉴别真菌的类别。

(2) 孢子。孢子是真菌的繁殖结构，真菌的孢子与细菌的芽孢不同，其抵抗力不强，加热 60～70℃ 短时间即可死亡。孢子可分有性孢子和无性孢子两种。有性孢子是由同一菌体或不同菌体上的 2 个细胞融合经减数分裂形成。无性孢子是菌丝上的细胞分化或出芽生成。病原性真菌大多形成无性孢子。

2. 真菌的抵抗力

真菌对干燥、阳光、紫外线及一般消毒剂有较强的抵抗力。实验证明紫外线对丝状真菌与假丝酵母在距离 1 m 照射需 30 min 杀死。真菌不耐热，60℃ 1 h 菌丝和孢子均被杀死，对 2% 苯酚（石炭酸）、2.5% 碘酊、0.1% 二氯化汞（升汞）或 10% 甲醛溶液较敏感，对常用于抗细菌感染的抗生素均不敏感。灰黄霉素、制霉菌素 B、二性霉唑、克霉素、酮康唑、伊曲康唑等对多种真菌有抑制作用。

3. 真菌的致病性与免疫性

真菌引起机体感染同样需要具备一定的毒力。不同的真菌可通过下列几种形式致病。

(1) 致病性真菌感染。主要是一些外源性真菌感染。浅部真菌如皮肤癣菌是由于这些真菌的嗜角质性，并能产生角蛋白酶水解角蛋白。在皮肤局部大量繁殖后通过机械刺激和代谢产物的作用，引起局部炎症和病变。深部真菌感染后不被杀死，能在吞噬细胞中生存、繁殖，引起慢性肉芽肿或组织溃疡坏死。

(2) 条件致病性真菌感染。主要是由一些内源性真菌引起的，如假丝酵母、曲霉、毛霉。这些真菌的致病性不强，只有在机体免疫力降低时发生，如肿瘤、糖尿病、免疫缺陷、长期应用广谱抗生素、皮质激素、放射治疗或在应用导管、手术等过程中易继发感染。例如导管、插管入口为真菌入侵提供门户，真菌黏附其上，并不断增殖，从而进入血液，并播散至全身。

(3) 真菌超敏反应性疾病。敏感患者当吸入或食入某些菌丝或孢子时可引起各种类型的超敏反应，如荨麻疹、变应性皮炎与哮喘等。

(4) 真菌性中毒症。摄入真菌或其产生的毒素后可引起急、慢性中毒称为真菌中毒症。病变因毒素而异，有的引起肝、肾损害，有的引起血液系统变化，有的作用于神经系统引起抽搐、昏迷等症状。真菌中毒没有传染性，这与一般细菌性或病毒性感染不同。

4. 真菌感染的防治原则

皮肤癣菌的传播主要靠孢子，孢子遇潮湿和温暖环境又能发芽繁殖。当体表角质层破损或糜烂，更易引起感染。预防主要应注意清洁卫生，保持鞋袜干燥，防止真菌滋生。避免直接或间接与患者接触。真菌由于表面抗原性弱，无有效的预防疫苗。局部治疗可用 5% 硫黄软膏、咪康唑霜、克霉唑软膏或 0.5% 碘伏。若疗效不佳或深部感染可口服抗真菌药物，如二性霉素 B、制霉菌素、咪康唑、酮康唑、氟康唑和伊曲康唑等。

三、病毒

病毒在自然界中分布很广,人、动物、昆虫、植物、真菌、细菌等都可被病毒寄生而引起感染。病毒是一类体积微小、结构简单,只含有一种类型核酸(RNA 或 DNA),必须在活的易感细胞内以复制的方式进行增殖的非细胞型微生物。病毒是引起人类传染病的重要病原体之一。在人类的传染体中,由病毒引起的远较细菌和其他微生物为多,约占 3/4,如流行性感冒、肝炎、流行性出血热、水痘、带状疱疹以及艾滋病等,传染性强,流行广泛。病毒还与某些肿瘤、先天性畸形、阿尔茨海默病(老年性痴呆症)等有关。

1. 病毒的大小与形态

病毒个体微小,测量病毒大小的单位是 nm(纳米),即 $1/1000\ \mu m$。大型病毒大小为(如牛痘苗病毒)200~300 nm;中型病毒(如流感病毒)大小为约 100 nm;小型病毒(如脊髓灰质炎病毒)大小仅为 20~30 nm。

一个成熟有感染性的病毒颗粒称为病毒体。电子显微镜观察有 5 种形态:

(1) 球形。大多数人类和动物病毒为球形,如脊髓灰质炎病毒、疱疹病毒及腺病毒等。

(2) 丝形。多见于植物病毒,如烟草花叶病病毒等。人类某些病毒(如流感病毒)有时也可形成丝形。

(3) 弹形。形似子弹头,如狂犬病病毒等。

(4) 砖形。如痘病毒(天花病毒、牛痘苗病毒等)。其实大多数呈卵圆形或菠萝形。

(5) 蝌蚪形。由一卵圆形的头及一条细长的尾组成,如噬菌体。

2. 病毒的结构与功能

病毒的结构有两种,一种是基本结构,为所有病毒所必备;另一种是辅助结构,为某些病毒所特有。它们各有特殊的生物学功能。

(1) 病毒的基本结构(见图 3—11)

1) 核酸。位于病毒体的中心,由一种类型的核酸构成,含 DNA 的称为 DNA 病毒。含 RNA 的称为 RNA 病毒。DNA 病毒核酸多为双股(除微小病毒外),RNA 病毒核酸多为单股(除呼肠孤病毒外)。病毒核酸也称基因组,最大的痘病毒含有数百个基因,最小的微小病毒仅有 3~4 个基因。根据核酸构型及极性可分为环状、线状、分节段以及正链、负链等不同类型,对进一步阐明病毒的复制机制和病毒分类有重要意义。

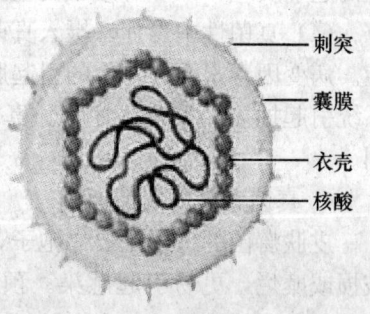

图 3—11 病毒的基本结构

2）衣壳。在核酸的外面紧密包绕着一层蛋白质外衣，即病毒的衣壳。蛋白质衣壳的功能如下：

①致密稳定的衣壳结构除赋予病毒固有的形状外，还可保护内部核酸免遭外环境（如血流）中核酸酶的破坏。

②衣壳蛋白是病毒基因产物，具有病毒特异的抗原性，可刺激机体产生抗原病毒免疫应答。

③具有辅助感染作用，病毒表面特异性受体联结蛋白与细胞表面相应受体有特殊的亲和力，是病毒选择性吸附宿主细胞并建立感染灶的首要步骤。

病毒的核酸与衣壳组成核衣壳，最简单的病毒就是裸露的核衣壳，如脊髓灰质炎病毒等。有囊膜的病毒核衣壳又称为核心。

（2）病毒的辅助结构

1）囊膜。某些病毒，如虫媒病毒、人类免疫缺陷病毒、疱疹病毒等，在核衣壳外包绕着一层含脂蛋白的外膜，称为囊膜。囊膜位于病毒体的表面，有高度的抗原性，并能选择性地与宿主细胞受体结合，促使病毒囊膜与宿主细胞膜融合，感染性核衣壳进入胞内而导致感染。

2）触须样纤维。腺病毒是唯一具有触须样纤维的病毒，腺病毒的触须样纤维是由线状聚合多肽和一球形末端蛋白所组成，位于衣壳的各个顶角。该纤维吸附到敏感细胞上，抑制宿主细胞蛋白质代谢，与致病作用有关。此外，还可凝集某些动物的红细胞。

3）病毒携带的酶。某些病毒核心中带有催化病毒核酸合成的酶，如流感病毒带有RNA的RNA聚合酶，这些病毒在宿主细胞内要靠它们携带的酶合成感染性核酸。

3. 病毒的抵抗力

（1）病毒对物理因素的抵抗力

1）温度。大多数病毒（除肝炎病毒外）耐冷而不耐热。病毒一旦离开机体，经56～60℃加热30 min，由于表面蛋白变性，而丧失其感染性，即被灭活。病毒对低温的抵抗力较强，通常在－20℃仍不失去活性，但对反复冻融则敏感。一般可用低温真空干燥法保存病毒，但在室温条件下干燥易使病毒灭活。

2）pH值。病毒一般在pH值为5.0～9.0的环境中是稳定的，但在某些病毒的血凝反应中，pH值改变可影响改变试验的结果。

3）射线。紫外线、X射线和高能量粒子可杀灭活病毒，这是因为光量子可击毁病毒核酸的分子结构，不同病毒其敏感度不同。

（2）病毒对化学因素的抵抗力

1）脂溶剂。有囊膜病毒可迅速被脂溶剂破坏，如乙醚、三氯甲烷（氯仿）、去氧胆酸钠。这类病毒通常不能在含有胆汁的肠道中引起感染。病毒对脂溶剂的敏感性可作为病毒分类的依据之一。

2) 甘油。大多数病毒在50%甘油盐水中能存活较久。因病毒体中含游离水，不受甘油脱水作用的影响，故可用于保存病毒感染的组织。

3) 化学消毒剂。一般病毒对高锰酸钾、次氯酸盐等氧化剂都很敏感，二氯化汞（升汞）、乙醇（酒精）、强酸及强碱均能迅速杀灭病毒，但0.5%～1%苯酚溶液仅对少数病毒有效。饮水中漂白粉浓度对乙型肺炎、肠道病毒无效。β丙内酯及环氧乙烷可杀灭各种病毒。

4) 抗生素。抗生素及磺胺对病毒无效。利福平能抑制痘病毒复制，干扰病毒DNA或RNA合成，但也干扰宿主细胞的代谢，有较强的细胞毒性作用。

4. 病毒对机体的致病作用

病毒的致病作用主要为直接杀伤宿主细胞及造成机体的免疫病理损伤等，并引起与细菌不同的感染类型。

病毒感染机体一方面取决于病毒的毒力或致病力，一定的数量和合适的侵入门户；另一方面取决于机体的免疫力。毒力一般指同一病毒不同毒株所致疾病的严重程度。致病力是指不同病毒所致疾病的严重程度。因此，病毒的特性及机体免疫应答状态决定了病毒感染机体的类型和结局。

(1) 亚临床感染。不出现临床症状的感染称为亚临床感染或隐性感染。许多病毒性疾病流行时为此型感染，是机体获得特异性免疫的主要来源。例如脊髓灰质炎流行时，隐性感染约占99%，但隐性感染的人仍能向周围环境散布病毒，而传染他人。

(2) 急性感染。临床所见的绝大多数病毒感染，如麻疹、乙型脑炎、流感、脊髓灰质炎、水痘等都为急性感染。病毒侵入机体内，在一种组织或多种组织中增殖，并经局部扩散，或经血流扩散到全身。经2～3天至2～3周的潜伏期后，病毒繁殖到一定水平，由于局部或组织广泛损伤，引起临床感染。

(3) 持续性感染。持续性感染包括潜伏感染、慢性感染及慢发性感染。

1) 潜伏感染是指病毒的DNA或逆转录合成的cDNA以整合形式或环状分子形式存在于细胞中，造成潜伏状态，无症状期查不到完整病毒，当机体免疫功能低下时病毒基因活化并复制完整病毒，发生一次或多次复发感染，甚至诱发恶性肿瘤。

2) 慢性感染是指感染性病毒处于持续的增殖状态，机体长期排毒，病程长，症状长期迁延，往往可检测出不正常的或不完全的免疫应答。乙型肝炎病毒感染后10%的患者血持续存在HBsAg，血清中可检出免疫复合物，而细胞免疫功能低下者，发展成慢性活动性乙型肝炎。

3) 慢发性感染不同于慢性感染，其特点是潜伏期很长，通常在数月或数年，而后出现慢性进行性产生临床症状，直至病死。

5. 常见病毒

(1) 呼吸道病毒。呼吸道病毒是引起人类急性呼吸道感染的主要病原体，由飞沫传播。主要有流感病毒、麻疹病毒、腮腺炎病毒等。流感病毒易发生抗原变异，故常导致较大流行。麻疹是儿童较常见的传染病，易感者接触病毒后90%以上可发病，病后可获持久免疫力，可用麻疹疫苗预防。腮腺炎病毒主要引起流行性腮腺炎，也可引起睾丸、卵巢、其他唾液腺的病变。

（2）肠道病毒。肠道病毒广泛分布于自然界，核酸类型为RNA，经消化道传播。在肠黏膜上皮细胞中增殖，并能侵入血流、神经系统及其他组织。如脊髓灰质炎病毒能引起脊髓灰质炎，可采用脊髓灰质炎疫苗（糖丸）来预防。

（3）肝炎病毒。已发现的肝炎病毒有5种：甲型肝炎病毒（HAV）、乙型肝炎病毒（HBV）、丙型肝炎病毒（HCV）、丁型肝炎病毒（HDV）和戊型肝炎病毒（HEV）。HAV与HEV均为单股RNA无包膜病毒，均由消化道传播，引起的肝炎多为急性感染；HBV为双股DNA有包膜病毒，传染途径多样，主要有输血、注射、密切接触、母婴垂直传播等，所致乙型肝炎易转为慢性或无症状携带者，检测HBV抗原—抗体系统（"两对半"）有一定临床意义；HCV为单股RNA有包膜病毒，为输血后肝炎的主要病原体。可采用甲肝减毒活疫苗特异性预防甲型肝炎，用乙肝血源疫苗和高价乙肝免疫球蛋白特异性预防乙型肝炎。

（4）虫媒病毒。虫媒病毒是由吸血节肢动物作为媒介的病毒，主要有流行性乙型脑炎病毒、森林脑炎病毒、登革热病毒，引起流行性乙型脑炎、森林脑炎和登革热。预防措施有防蚊、防蜱叮刺和接种相应疫苗等。

（5）疱疹病毒。疱疹病毒是一组有包膜的中等大小的DNA病毒。与人类感染有关的有单纯疱疹病毒、水痘—带状疱疹病毒、巨细胞病毒和EB病毒等，引起单纯疱疹、水痘—带状疱疹、单核细胞增多症、输血后肝炎、间质性肺炎等疾病。

（6）人类免疫缺陷病毒。人类免疫缺陷病毒为球形有包膜病毒，病毒核心含两条单股RNA和逆转录酶，已知有HIV-1、HIV-2等。传染源是HIV感染者或患者，主要传播途径有性接触传播、血液传播和母婴垂直传播。

6. 病毒感染的防治原则

目前对多数病毒性疾病尚缺乏有效的特异性药物治疗，使得人工免疫预防病毒性感染具有更重要的现实意义。

（1）人工自动免疫

1）灭活疫苗。常用甲醛作为灭活剂，灭活病毒核酸使之丧失感染性，而保留病毒结构蛋白的抗原性。灭活疫苗的优点是易于保存，一般可保存一年左右，缺点是灭活疫苗接种形成的免疫保护力维持时间较短，需多次接种，且接种剂量大，局部和全身反应较明显。目前常用的有流行性乙型脑炎疫苗、狂犬病疫苗和流感疫苗。

2）减毒活疫苗。常用的减毒活疫苗有牛痘苗、脊髓灰质炎疫苗、麻疹疫苗、风疹疫苗、腮腺炎疫苗、甲肝疫苗。减毒活疫苗接种后，在人体内有一定生长繁殖能力，形成隐性感染。一般只需接种一次，疫苗使用剂量小，不良反应较轻，而免疫效果较好，形成的免疫力较持久。活疫苗的缺点是稳定性较差，不易保存，容易失效。此外有毒力回复突变的危险性。

3）基因工程疫苗。将编码病毒有效抗原的 DNA 片段（目的基因）插入适当载体，形成重组 DNA，再导入宿主细胞（大肠杆菌或酵母），随宿主细胞的增殖，目的基因表达大量抗原成分，经提取制备成制剂，此制剂即基因工程疫苗。将编码多种病毒有效抗原组分的 DNA 序列插入目的基因，制备的重组基因疫苗可预防多种特定的病毒性疾病。

（2）人工被动免疫。常用的人工被动免疫制剂有人血清丙种球蛋白、胎盘丙种球蛋白、转移因子等。注射丙种球蛋白对传染性肝炎、麻疹、脊髓灰质炎等是一种紧急预防措施，可使接触者不出现临床症状或只出现轻微临床症状。近年来有人用高效价抗 HBs 免疫球蛋白预防乙型肝炎有一定效果。

（3）抗病毒药物。由于病毒是一种非细胞型微生物，只能在宿主细胞内复制，因而要求抗病毒药物既能穿入细胞，选择性地从分子水平抑制或干扰病毒复制，又不损伤宿主细胞的生命活动。目前这类理想的抗病毒药物还比较少。常用的有干扰素（IFN）、干扰素诱生剂、无环鸟苷（ACV）、阿拉伯糖腺苷（Ara-A）、拉米夫定等。

四、其他微生物

支原体、衣原体、立克次体、螺旋体和放线菌均属于原核细胞型微生物。

1. 支原体

支原体是一类缺乏细胞壁、能在无生命培养基上生长繁殖的最小原核细胞型微生物，由于它们能形成有分支的长丝，故称为支原体。与细菌不同，支原体能通过滤菌器、缺乏细胞壁、生长需要胆固醇、对作用于细胞壁的抗生素不敏感。不同于病毒，支原体具有 DNA 和 RNA、有完备的能量代谢机制、能在无生命培养基中繁殖等特性。此外，特异性抗体可抑制支原体的生长。

（1）生物学性状。支原体直径为 $0.2\sim0.3\ \mu m$，长 $1\sim10\ \mu m$，可通过除菌滤器。支原体因缺乏细胞壁，不能维持固定的形态，呈球形、短杆形、丝状、分支状等多种形态。有的支原体在细胞膜外还有一层由多糖构成的荚膜，与支原体的致病性有关。肺炎支原体等有一种呈棒状的特殊顶端结构，能使支原体黏附在呼吸道等黏膜上皮细胞表面引起细胞受损。

支原体对热、干燥的抵抗力较弱，55℃、5~15 min 即死亡。耐冷，置-70℃或液氮下可长期存活。对一般消毒剂敏感。因缺乏细胞壁，对青霉素、头孢霉素等作用于细胞壁的抗生素不敏感，常用此类抗生素处理检材以抑制杂菌生长，有利于支原体的分离。支原体对干扰蛋白质合成的抗生素如红霉素、林可霉素、螺旋霉素、链霉素等敏感。

(2) 致病性。支原体广泛存在于人和动物体内，大多数不致病。对人致病的肺炎支原体、人型支原体和生殖器支原体能通过顶端结构黏附于宿主细胞膜受体，吸取宿主细胞膜的胆固醇与脂质作为营养物质，产生有毒的代谢产物，如神经毒素、过氧化氢和超氧离子，使宿主细胞膜受损。

(3) 主要致病性支原体。支原体在自然界分布广泛。迄今已分离出150余种，其中寄生性的有90多种，而人体支原体至少有15种。对人致病的主要为肺炎支原体、溶脲脲原体、人型支原体、生殖器支原体和穿透支原体。

1) 肺炎支原体。肺炎支原体是引起支原体肺炎（亦称原发性非典型性肺炎）的病原体，也可引起上呼吸道感染和慢性支气管炎。此外，肺炎支原体可引起咽喉炎、鼻炎、中耳炎、气管炎和支气管炎。有时可合并有皮肤黏膜斑丘疹、溶血性贫血、心血管症状及中枢神经系统症状如脑膜炎等。

2) 泌尿生殖道感染支原体。引起泌尿生殖道感染的支原体主要有溶脲脲原体、人型支原体和生殖器支原体，现已被列为性传播性疾病的病原体。溶脲脲原体主要通过性行为传播，可与淋病奈瑟菌或衣原体混合感染。可引起非淋菌性尿道炎、阴道炎、盆腔炎、输卵管炎、宫颈炎、睾丸附睾炎、慢性前列腺炎等，也可导致尿路结石。

此外，溶脲脲原体可通过胎盘感染胎儿，引起孕妇流产、早产、死胎和低体重胎儿及新生儿呼吸道感染等。

2. 衣原体

衣原体是一类在真核细胞内寄生、有独特发育周期、能通过滤菌器的原核细胞型微生物。过去曾被认为是病毒，现归属于广义的细菌范畴。衣原体广泛寄生于人类、哺乳动物及禽类，仅少数能致病。引起人类疾病的衣原体主要有沙眼衣原体和肺炎衣原体。根据衣原体抗原结构和DNA同源性的特点，将衣原体属分成4个种，包括沙眼衣原体、肺炎衣原体、鹦鹉热衣原体和兽类衣原体。

(1) 生物学性状。通过发育周期与形态染色的观察，衣原体在宿主细胞内生长繁殖，具有特殊的发育周期。可观察到两种不同的颗粒结构，即原体和始体。原体呈球形、椭圆形或梨形，直径为 $0.2 \sim 0.4\ \mu m$，有细胞壁，胞内存在致密的类核结构，无繁殖能力但具有感染性，是发育成熟的衣原体，为衣原体在细胞外的存在形式。始体也呈球形，但较原体大，直径为 $0.5 \sim 1.0\ \mu m$，无细胞壁，胞内不含致密类核结构，但有纤细的网状结构，又名网状体，是衣原体的繁殖型，无感染性。

衣原体耐冷不耐热，56～60℃仅存活5～10 min，在－70℃可保存数年。0.1%甲醛、0.5%苯酚（石炭酸）溶液30 min 或75%乙醇0.5 min 可杀死。对四环素、氯霉素、红霉素、螺旋霉素、强力霉素及利福平均敏感。

(2) 致病性。衣原体能产生类似革兰氏阴性菌的内毒素样物质，抑制宿主细胞代谢，直接破坏宿主细胞。此外，衣原体主要外膜蛋白能阻止吞噬体和溶酶体的融合，从而有利于衣原体在吞噬体内繁殖并破坏宿主细胞。

(3) 主要致病性衣原体

1) 沙眼衣原体。对人类致病的沙眼衣原体主要有沙眼生物亚种和性病淋巴肉芽肿亚种。沙眼亚种寄生在人类，无动物储存宿主。主要引起沙眼、包含体结膜炎、泌尿生殖道感染等疾病。

2) 肺炎衣原体。肺炎衣原体是衣原体属中的一个新种。肺炎衣原体寄生于人类，无动物储存宿主。通过呼吸道传播，潜伏期30天左右，感染有散发和流行交替出现的特点。肺炎衣原体可引起肺炎和上呼吸道感染，还可引起心包炎、心肌炎和心内膜炎。

3) 鹦鹉热衣原体。可在宿主细胞质空泡内形成包含体，不含糖原，有血凝素。自然宿主为鸟类和除人类以外的哺乳动物。人类因与病鸟等接触而受感染，引起鹦鹉热。临床表现与病毒性或支原体肺炎相似，故亦称为非典型性肺炎。严重者可发展成败血症，老年患者病死率高。

3. 立克次体

立克次体是一类与节肢动物有密切关系、严格活细胞内寄生的原核细胞型微生物。对人致病的立克次体有5个属，包括立克次体属、柯克斯体属、东方体属、埃立克体属和巴通体属。

普氏立克次体、莫氏立克次体与恙虫病立克次体，分别通过人虱、鼠蚤与恙螨媒介传播，引起流行性斑疹伤寒、地方性斑疹伤寒与恙虫病。

立克次体病的预防重点是灭虱、灭蚤、灭鼠、灭螨，防止蚤、蜱及恙螨叮咬，并注意环境和个人卫生。特异性预防主要用灭活疫苗。治疗上多选用氯霉素、四环素及强力霉素类抗生素。

4. 螺旋体

螺旋体是一类细长、柔软、弯曲呈螺旋状、运动活泼的单细胞原核生物。其生物学位置介于细菌和原虫之间。和细菌类似的特点是具有细胞壁，含有磷壁酸和脂多糖，以二分裂方式繁殖，无定型的核（原核细胞型），对抗生素敏感。和原虫类似的特点具有体态柔软，细胞壁和细胞膜之间有弹性轴丝，运动活泼，易被胆汁或胆盐溶解。

螺旋体广泛分布于自然界和动物体内，种类很多。根据其抗原性、螺旋数目、大小与规则程度以及两螺旋间距离的不同分为5个属，其中能引起人和动物疾病的有3个属，分述如下。

(1) 钩端螺旋体属。钩端螺旋体属的螺旋数目比密螺旋体属的多，螺旋更细密且规则，菌体一端或两端弯曲呈钩状。钩端螺旋体简称钩体。对人体有致病作用的有黄疸出血型钩端螺旋体、流感伤寒型钩端螺旋体等。钩体所致疾病为钩体病，是一种人畜共患的传染病。钩体病多流行于夏季。

钩体病是地理分布最广泛的人畜共患病。当人体接触被钩体污染的水、土壤及其他物品时，钩体经暴露部位尤其是手、足皮肤伤口侵入机体。也可经进食被钩体污染的食品或饮水而感染。由于侵入钩体的菌型、毒力、数量及机体免疫力强弱不同，其疾病类型，病程长短和症状轻重差异很大。临床上常见类型如下。

1）流感伤寒型。临床表现类似流感，症状较轻，一般内脏损伤较少。

2）黄疸出血型。主要表现有发热、寒战、头痛、全身痛、出血及肝肾损伤症状及黄疸。

3）肺出血型。该型患者在早期症状出现后迅速发展成出血性肺炎，表现有胸闷、咳嗽、咯血、发绀等，病死率高。

此外还有脑膜炎型、肾功能衰竭型、胃肠炎型等。钩体致病可能与其产生的内毒素样物质有关。

(2) 密螺旋体属。菌体硬直，两端尖细，有8～14个细密且规则的螺旋。对人体有致病作用的主要有梅毒螺旋体、雅司螺旋体和品他螺旋体等。梅毒螺旋体又称苍白密螺旋体，是人类梅毒的病原体。梅毒是性病，在许多国家均有流行。在自然条件下，梅毒螺旋体只能感染人类，主要通过性接触传染。患者为孕妇还可以经胎盘传染给胎儿。因其传播方式和受染机体反应性的不同，可分为先天性梅毒和获得性梅毒。

1）先天性梅毒。又称胎传梅毒。梅毒螺旋体从受染母体经胎盘进入胎儿体内，并扩散至肝、脾、肾上腺等器官中大量生长繁殖，引起胎儿全身性感染，可导致流产、早产、死胎；或生出梅毒儿，表现为马鞍鼻、锯齿形牙、间质性角膜炎、先天性耳聋等特殊体征。

2）获得性梅毒。又称后天性梅毒。主要通过性接触传染。病程分为3期，有反复发作、潜伏、再发等特点。

药物治疗主要用青霉素，疗效短，效果好。但必须早期、足量并完成正规疗程，定期检测病人的血清抗体。如治疗3个月至1年血清抗体转阴即表示治愈，否则仍需要继续接受治疗。

(3) 疏螺旋体属。菌体呈波纹状，有3～10个稀疏且不规则的螺旋。其中对人有致病作用的主要有伯氏疏螺旋体、回归热螺旋体和奋森螺旋体等。

1）伯氏疏螺旋体。伯氏疏螺旋体又称莱姆病螺旋体，是引起慢性游走性红斑以及心脏、神经和关节等系统受累疾病的病原体。

莱姆病是自然疫源性传染病，硬蜱是其主要传播媒介，在有些地区传播媒介为血蜱、革蜱等。野鼠和小型哺乳动物是主要宿主。人受蜱叮咬后，伯氏疏螺旋体进入人体皮肤，在局部繁殖。经3～30天潜伏期，通过血流和淋巴扩散至全身许多器官。早期莱姆病病人口服四环素、强力霉素、羟氨苄青霉素、红霉素等。如伴有神经系统等深部组织损害，则需青霉素联合头孢三嗪等静脉滴注。

2）回归热螺旋体。回归热螺旋体是回归热的病原体，属于一种周期性反复发作的急性传染病。以节肢动物为传播媒介。其病原体包括两种:一种是回归热螺旋体,以虱为传播媒介,自然宿主是人,引起虱型或流行性回归热;另一种是赫姆疏螺旋体,以软蜱为传播媒介,自然宿主是野生啮齿动物,引起蜱型或地方性回归热。

回归热疏螺旋体以体虱为媒介在人群中传播。虱叮咬吸吮病人血液后,螺旋体从肠中进入血液、淋巴液中大量繁殖,不进入唾液和卵巢。人被虱叮咬后,因抓痒将虱体压碎,使螺旋体经皮肤伤口进入人体引起感染。杜通氏疏螺旋体则以蜱为媒介在动物与人之间传播。蜱叮咬带菌动物,螺旋体进入蜱体内大量繁殖,数量可达 10 万条$/mm^3$ 并随粪便和唾液排出。带菌蜱叮咬人时,螺旋体随粪便和唾液经咬伤处侵入人体。感染螺旋体约一周后,病人便出现发热、头痛、肝脾肿大,持续约 1 周后骤退,再过一周至两周后又出现发热等,如此反复出现发热和消退,可达 3~10 次,故名回归热。本病以预防为主,重视个人清洁卫生、灭虱、防蜱叮咬等是预防的主要措施。药物治疗用青霉素、四环素等。

3) 奋森螺旋体。奋森螺旋体属于疏螺旋体属。其形态与回归热螺旋体类似,有 3~8 个不规则的螺旋,为革兰氏阴性,培养为厌氧性,正常情况下,常寄生在人体口腔、齿龈及咽部。该螺旋体是体内常居螺旋体,一般不致病。当机体免疫力下降时,则大量繁殖,协同口腔内梭杆菌引起奋森咽峡炎、牙龈炎、溃疡性口腔炎和口颊坏疽等。防治原则主要是预防感染,注意口腔清洁卫生,避免受寒,保持均衡的营养等。治疗主要除去坏死组织,以 1‰~3‰ H_2O_2 冲洗局部,对青霉素、四环素均敏感。

第三节 人体免疫功能

→ 掌握免疫的概念,免疫应答类型及过程
→ 熟悉抗原、抗体的定义,抗原的特性,抗体的免疫学功能
→ 了解抗原的种类,免疫缺陷病的定义及相关疾病

免疫是机体识别和排除抗原性异物,维持自身生理平衡与稳定的一种功能。重要的抗原性异物有病原微生物、寄生虫、动物免疫血清、药物与花粉等。

机体的免疫功能是由免疫系统完成的。免疫系统由免疫器官、免疫细胞和免疫分子所组成。人体的免疫器官分为:中枢免疫器官,包括骨髓与胸腺。它们是免疫活性细胞发生、分化与成熟的场所;外周免疫器官,包括淋巴结、脾和其他淋巴组织。它们是免疫活性细胞定居、增殖、受抗原刺激后发生免疫应答的场所。

免疫细胞中最重要的是 T 细胞与 B 细胞,两者统称为免疫活性细胞或抗原特异性淋巴细胞。T细胞发挥细胞免疫功能，B细胞发挥体液免疫功能。两类淋巴细胞具有不同的特征，均可分为不同的亚群。此外K细胞、NK细胞、单核吞噬细胞及其他血细胞等，也有不同的免疫功能。

一、抗原

抗原（Ag）是一种能刺激机体免疫系统产生特异性免疫应答，并能与相应的免疫应答产物（抗体或致敏T淋巴细胞）在体内或体外发生特异性结合的物质。

1. 抗原的特性

（1）免疫原性。指抗原分子能刺激免疫细胞，使之活化、增殖、分化，最终产生免疫效应分子（抗体）或效应细胞（致敏淋巴细胞）的性能。

（2）免疫反应性。指抗原分子能与相应免疫应答的产物（抗体或致敏淋巴细胞），在体内或体外发生特异性结合的性能。

根据抗原的两种特性，将既具有免疫原性又有免疫反应性的物质称为抗原或完全抗原，如多数蛋白质、细菌、病毒等。有些简单有机分子，如多数的多糖和某些分子量小的药物，本身不具有免疫原性，但具有免疫反应性，称为半抗原，半抗原与蛋白质结合后可获得免疫原性。与半抗原结合的蛋白质称为载体，这种半抗原—载体复合物不但可刺激机体产生针对半抗原的抗体，也可刺激机体产生针对蛋白质载体的抗体。

2. 医学上重要的抗原物质

（1）病原微生物及其代谢产物。各种病原微生物如细菌、病毒等，虽然结构简单，但它们的化学组成极为复杂，每种结构具有不同的抗原成分，因此每种病原微生物均是由多种抗原组成的复合体，如细菌有表面抗原、菌体抗原、鞭毛抗原及菌毛抗原；病毒有表面抗原、内部抗原。病原菌的代谢产物——外毒素是蛋白质，具有很强的免疫原性，将外毒素经甲醛处理后，失去毒性，仍保留免疫原性，称为类毒素，可作为人工自动免疫制剂。病原微生物感染机体，或将其制成疫苗进行预防注射，均可诱导机体产生体液免疫和细胞免疫，并能引起回忆反应。

（2）动物免疫血清。动物免疫血清对人而言具有很强免疫原性，常因注射此血清引起超敏反应。所以，应用前应先作皮肤敏感试验。

（3）同种异型抗原。同一种属不同个体之间所存在的抗原称为同种异型抗原。此类抗原是由不同个体的遗传基因决定的。

1）血型抗原。血型抗原是红细胞表面的同种异型抗原。

①ABO血型抗原。根据人类红细胞表面所含有的A、B抗原的不同，将人类血型分为A、B、AB和O 4种血型。A型和B型红细胞上分别有A抗原和B抗原；AB型红细胞上有A、B两种抗原；O型红细胞上不含A、B抗原，但含有A、B抗原的前体物质——H抗原。同一人血清中不含与本人血清抗原相应的抗体。A血型人血清中含有抗

B，B血型人血清中含有抗A，AB血型人血清中既无抗A又无抗B，O血型人血清中既有抗A又有抗B。天然血型抗体为IgM类。

血型物质也存在于体液和外分泌液中，唾液中含量最高，其次为血清、精液、胃液、羊水、尿液和泪液中。根据人类体液和分泌液中是否含有血型物质，可分为分泌型和非分泌型，汉族中80%的人属于分泌型。

②Rh血型抗原。人类红细胞膜表面具有D抗原者称为Rh阳性，缺乏D抗原者称为Rh阴性。在通常情况下，人类血清中不存在Rh抗原的天然抗体，只有在免疫的情况下，如通过输血使Rh阳性红细胞输入Rh阴性者体内，或Rh阴性妇女在分娩时产道血管损伤或胎盘剥离导致Rh阳性胎儿的红细胞进入母体后，刺激母体产生抗Rh抗体。此抗体为免疫抗体，属IgG类，可通过胎盘。因此，若Rh阴性妇女体内含有抗Rh，再次妊娠仍为Rh阳性胎儿，此时母体内抗RhIgG类抗体可通过胎盘进入胎儿体内，导致胎儿流产或新生儿溶血症，或体内已产生抗Rh时，再次输入Rh阳性血时，则可发生输血反应。

2）组织相容性抗原。也称人类白细胞抗原（HLA），此类抗原参与免疫应答、免疫调节、移植排斥反应。HLA与人类某些疾病相关。

（4）异嗜性抗原。异嗜性抗原是一类与种属特异性无关，存在于不同种系生物间的共同抗原。某些病原微生物与人体某些组织间存在着此类抗原，如乙型溶血性链球菌的细胞壁多糖抗原、蛋白抗原与人体的心肌、心瓣膜及肾小球基底膜之间存在着异嗜性抗原。因此，当这些微生物感染人体后，可刺激机体产生相应抗体。在一定条件下，这些抗体可以与含有异嗜性抗原的上述组织结合，通过免疫反应造成机体组织损伤，从而引起风湿病、肾小球肾炎、溃疡性结肠炎等。

（5）自身抗原。一般自身组织对机体自身没有抗原性，但在外伤、感染、电离辐射、药物等影响下，可以发生变性成为自身抗原，刺激机体产生免疫反应，引起自身免疫病。例如原来与免疫系统隔绝的眼睛晶体蛋白、甲状腺球蛋白、精子等，遇外伤或其他原因进入血液；某些患者服用某种药物，改变了白细胞的某些表面化学结构，形成新的抗原决定簇。

（6）肿瘤抗原。肿瘤抗原是细胞在癌变过程中出现的具有免疫原性的一些大分子物质的总称，可分为肿瘤特异性抗原（TSA）和肿瘤相关抗原（TAA）两大类。TSA存在于某种肿瘤细胞表面，而不存在于正常细胞或其他肿瘤细胞表面的抗原。TAA抗原不是肿瘤细胞所特有的，在正常细胞表面也可微量表达，只有在细胞发生癌变时其含量可明显增高。最常见的TAA是胚胎抗原。

（7）超抗原。超抗原（SAg）是一类由细菌外毒素和逆转录病毒蛋白构成的抗原性物质，该类抗原能与多数T细胞结合，并为T细胞活化提供信号，极微量抗原可活化多克隆T细胞，产生很强的刺激效果，故称为超抗原。

二、抗体

抗体是机体对抗原刺激发生免疫应答的产物,是具有与抗原特异性结合的球蛋白,也称免疫球蛋白。抗体是生物学和功能上的概念,免疫球蛋白则为化学结构上的概念。根据结构和抗原性的不同,抗体分为 IgG、IgA、IgM、IgD 和 IgE 五类。人体免疫球蛋白与抗原特异性结合的部位在抗原结合片段(Fab),而激活补体、结合细胞、穿过胎盘或黏膜上皮细胞的部位则为可结晶片段(Fc)。抗体通过这些生物学作用,发挥多方面的免疫功能。

1. 与特异性抗原结合

一种 Ig 抗体只能与其相应的抗原呈特异性结合,与不相应的抗原不能结合,此为 Ig 抗体与血清中正常球蛋白的根本区别。抗体在体内、外均能与相应抗原结合。在体内抗体和抗原结合后,可直接发挥效应如抗毒素可中和外毒素,病毒的中和抗体可阻止病毒感染靶细胞,分泌型 IgA 可抑制细菌黏附宿主细胞等。在体外抗体与抗原结合后可出现凝集、沉淀等现象,借此对样本中的抗原或抗体进行检测,有助于某些感染性疾病和免疫性疾病的诊断、疗效评价及发病机制的研究。

2. 激活补体

补体是人与动物血清中正常存在的、与免疫相关并具有酶活性的一组血清蛋白质或与膜结合的蛋白质。参与灭活病原体的免疫反应,也参与破坏自身组织和自身细胞而造成的免疫损伤。抗体与抗原结合后,才具有激活补体的作用。IgM、IgG(IgG_1、IgG_2 和 IgG_3)与相应抗原结合后,可通过经典途径激活补体。凝聚的 IgA、IgG_4 等可通过替代途径激活补体。

3. 介导 I 型超敏反应

具有与人类组织结合活性的 Ig 只有 IgE,具有变应原刺激机体产生的 IgE,IgE 能与肥大细胞和嗜碱性粒细胞等靶细胞通过 Fc 段结合,使之致敏。当特异抗原再次进入机体时,可使致敏细胞脱颗粒,释放和合成活性介质,引起 I 型超敏反应。

4. 调理作用

调理作用是指抗体、补体促进吞噬细胞吞噬细菌等颗粒性抗原的作用。抗体的调理作用主要是通过 IgG(IgG_1 和 IgG_3)Fc 段与中性粒细胞、巨噬细胞结合,从而增强其吞噬作用的。

5. 通过胎盘和黏膜

在人类,IgG 是唯一能通过胎盘的 Ig 类型。母体中的 IgG 通过胎盘转移给胎儿是一种重要的自然被动免疫,对于新生儿抗感染具有重要意义。分泌型 IgA 可通过消化道和呼吸道黏膜,是机体黏膜局部免疫的主要因素。

三、免疫应答

免疫应答是抗原性物质激发免疫系统发生的一种生理性排异过程,即免疫细胞受抗原刺激后活化、增殖、分化及产生免疫效应的过程。

1. 免疫应答的类型

免疫应答是由多种细胞和分子协同完成的。根据介导应答的主要免疫细胞及效应机制不同可将其分为 T 细胞介导的细胞免疫应答和 B 细胞介导的体液免疫应答。

(1) 细胞免疫。T 细胞机体的特异性细胞免疫应答主要由 T 细胞介导。T 细胞表面具有抗原识别受体(TCR),经相应抗原激发后可活化、增殖、分化为效应(致敏)T 细胞,后者直接或通过分泌细胞因子介导特异性免疫效应。细胞免疫在清除细胞内寄生物、肿瘤及移植物等细胞抗原上起主要免疫作用。

参与细胞免疫应答的免疫细胞主要包括提呈细胞(APC)、CD_4^+ TH 细胞及 CD_8^+ TC 细胞。此外,巨噬细胞、NK 细胞等也参与细胞免疫应答的效应过程。

(2) 体液免疫。机体的特异性体液免疫应答主要由 B 细胞介导。B 细胞表面的抗原受体 BCR 可识别游离抗原。B 细胞受相应抗原刺激后,可活化、增殖、分化为浆细胞,后者分泌抗体,介导特异性免疫效应。

参与体液免疫应答的细胞主要包括 APC、CD_4^+ TH 细胞、B 细胞,此外中性粒细胞、巨噬细胞、补体等也参与体液免疫应答的效应过程。

TD 抗原和 TI 抗原均可诱发体液免疫应答。TI 抗原可直接激活 B 细胞,产生抗体,而 TD 抗原刺激 B 细胞产生抗体依赖于 TH 细胞的辅助。

2. 免疫应答的过程

免疫应答过程极为复杂,分为 3 个阶段即抗原提呈与识别阶段,免疫细胞活化、增殖、分化阶段和效应阶段,如图 3—12 所示。

(1) 抗原提呈与识别阶段。指抗原提呈细胞(APC)提呈抗原和抗原特异性淋巴细胞识别抗原阶段。

在此阶段,APC 通过吞噬、吞饮或受体(IgGFcR、C3bR)介导的胞吞作用,摄取、处理、加工抗原,使之与 MHC 分子结合成抗原肽——MHC 分子复合物,表达于细胞表面,然后由 MHC 分子将抗原提呈给 T 细胞。T 细胞通过其表面的抗原受体 TCR 识别表达在 APC 和靶细胞上的抗原肽——MHC 分子,B 细胞通过其表面受体 BCR 识别游离抗原,进而启动活化。

(2) 免疫细胞活化、增殖、分化阶段。指抗原特异性淋巴细胞受相应抗原刺激后活化、增殖、分化的阶段。

此阶段包括 T、B 细胞膜受体的交联、活化信号的转导、细胞增殖与分化以及生物活性介质的合成与释放等。在此阶段,T、B 经活化、增殖、分化形成效应细胞即

医学基础知识

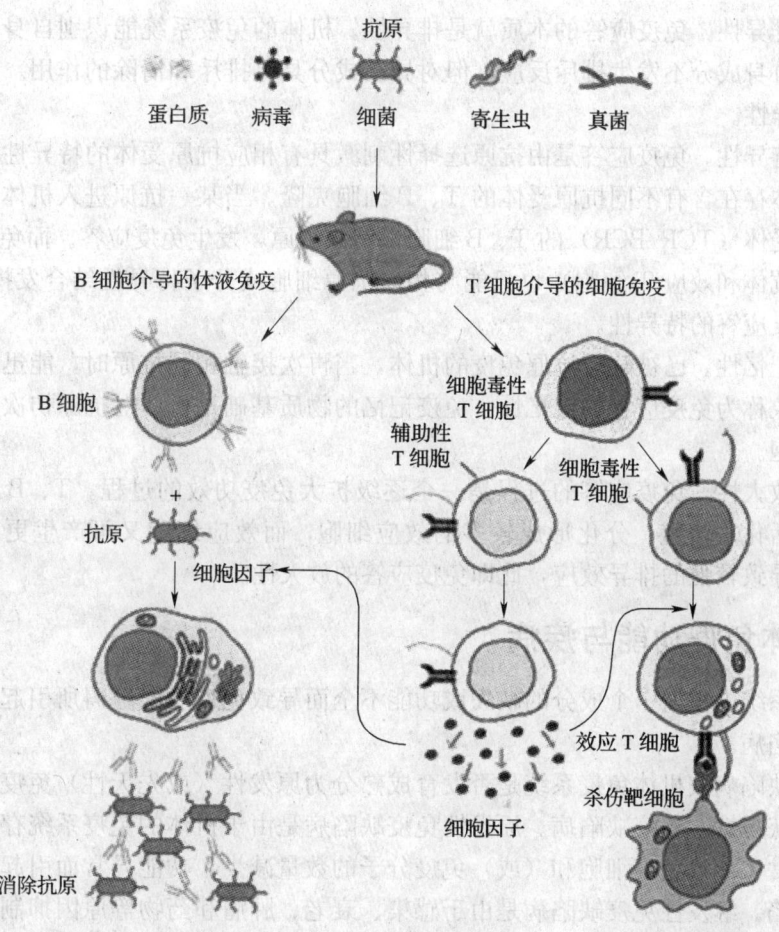

图 3—12 免疫应答过程

效应（致敏）T 细胞和浆细胞。也有部分细胞中途停止分化形成记忆细胞（Tm 或 Bm）。记忆细胞遇相同抗原再次刺激后可迅速增殖、分化为效应细胞，发挥效应作用。

（3）效应阶段。效应阶段是效应细胞产生和分泌效应分子，效应细胞及效应分子发挥效应作用的阶段。

此阶段包括浆细胞产生、分泌抗体，效应 T 细胞释放淋巴因子；效应 T 细胞（CTL）和效应分子（抗体和淋巴因子）发挥对异己细胞或分子的排斥与清除作用。在此阶段，除效应细胞和效应分子外，还必须有非特异性免疫细胞和分子的参与。参与非特异性免疫与特异性免疫的细胞和分子相互协作、共同完成机体的排异功能。

3. 免疫应答的特点

免疫应答的主要特点包括排异性、特异性、记忆性和放大性。

(1) 排异性。免疫应答的本质就是排异性。机体的免疫系统能识别自身成分和异己成分,对自身成分不发生排斥反应,但对异己成分具有排斥和清除的作用。这就是免疫应答的排异性。

(2) 特异性。免疫应答是由抗原选择性刺激具有相应抗原受体的特异性淋巴细胞诱发的。机体存在含有不同抗原受体的T、B细胞克隆。当某一抗原进入机体后,可诱导具有相应受体(TCR/BCR)的T、B细胞识别该抗原,发生免疫应答。而免疫应答的效应物质(抗体和效应T细胞)也只能与相应抗原细胞或分子特异性结合发挥排异作用。这就是免疫应答的特异性。

(3) 记忆性。已被某一抗原免疫的机体,当再次接触相同抗原时,能迅速发挥排异效应的现象称为免疫应答的记忆性。免疫记忆的物质基础是机体对抗原初次应答时产生的记忆细胞。

(4) 放大性。免疫应答的过程是一个逐级扩大免疫功效的过程。T、B细胞接受抗原刺激后活化、增殖、分化形成较多的效应细胞,而效应细胞又可产生更多的效应分子,进而导致较强的排异效应,此即免疫应答的放大性。

四、人体免疫功能与疾病

免疫系统中任何一个成分的缺失或功能不全而导致免疫功能障碍所引起的疾病,称为免疫缺陷病。

免疫缺陷病按机体免疫系统是否发育成熟分为原发性(或先天性)免疫缺陷病和继发性(或获得性)免疫缺陷病。原发性免疫缺陷病是由于机体的免疫系统存在遗传缺陷或发育异常,导致免疫细胞和(或)免疫分子的数量减少、功能异常而引起的永久性免疫功能缺陷。继发性免疫缺陷病是由于感染、衰老、肿瘤和药物等原因抑制了机体成熟的免疫系统的功能表达所致。临床上继发性免疫缺陷病远较原发性免疫缺陷病多见。

免疫缺陷病的共同特点有以下几点:

第一,对各种病原体的易感性增加。患者可出现严重的、持续的反复感染。一般体液免疫缺陷、吞噬细胞缺陷、补体缺陷者易发生化脓性细菌感染,而细胞免疫缺陷者易发生病毒、真菌、胞内寄生菌和原虫等细胞内感染。

第二,易发生恶性肿瘤。尤其是细胞免疫缺陷病患者,恶性肿瘤的发病率比同龄正常人群高100~300倍。

第三,易并发自身免疫病。免疫缺陷病患者并发自身免疫病的概率可高达14%,以并发系统性红斑狼疮、类风湿性关节炎较多见。

第四,遗传倾向性。原发性免疫缺陷病大多有遗传倾向,其中1/3为常染色体隐性遗传,1/5为X性联隐性遗传。

1. 原发性免疫缺陷病

原发性免疫缺陷病是一种罕见病,多发生于婴幼儿。其中,体液免疫缺陷约占50%,联合免疫缺陷约占20%,细胞免疫缺陷约占18%,吞噬细胞缺陷约占10%,补体缺陷约占2%。例如,在原发性免疫缺陷病中"性联无丙种球蛋白血症"(又称Bruton病),为最常见的先天性B细胞免疫缺陷症,是一种X连锁隐性遗传病,见于男孩。其发病机制是位于X染色体上的Bruton酪氨酸激酶基因发生突变,其特征是血循环中缺乏B细胞及γ球蛋白。由于受母体抗体自然被动免疫的保护,患儿出生后短时间内尚健康。但随着母体抗体在体内的代谢和消耗,出生6个月后开始出现反复感染。通常患儿对肺炎链球菌、溶血性链球菌、金黄色葡萄球菌等化脓性细菌易感,而对病毒、真菌及大多数细胞内寄生菌不易感。约20%的患儿伴有自身免疫病。其他的原发性免疫缺陷还有:病选择性IgA缺乏症、先天性胸腺发育不全症(DiGeorge综合征)、重症联合免疫缺陷病、慢性肉芽肿病等。

2. 继发性免疫缺陷病

继发性免疫缺陷病是由于发育成熟的免疫系统受到各种因素的作用而产生的免疫缺陷,它可表现为细胞免疫功能异常或体液免疫功能异常,也可表现为中性粒细胞数量减少和功能异常,还可表现为补体缺陷。

引起继发性免疫缺陷病的原因复杂,常见的病因有以下几种:

(1) 感染。病毒(如HIV、肝炎病毒、EB病毒)、细菌(如结核分枝杆菌、麻风分枝杆菌)、寄生虫(如血吸虫、疟原虫)感染均可导致免疫缺陷。

(2) 重度营养不良或蛋白质丢失过多。如慢性消耗性疾病、大面积烧伤、肾病综合征等。

(3) 恶性肿瘤和造血系统疾病。如白血病、恶性淋巴瘤、再生障碍性贫血等。

(4) 免疫抑制剂(如肾上腺皮质激素、环孢素A)及抗癌药物的使用。

(5) 手术、放射线、自身免疫性疾病、内分泌代谢性疾病及衰老等均可引起继发性免疫缺陷。

获得性免疫缺陷综合征(AIDS)是一种以细胞免疫缺陷为主的联合免疫缺陷症,它是由人类免疫缺陷病毒(HIV)感染所致。人类免疫缺陷病毒主要侵犯CD_4^+ T细胞,引起以CD_4^+ T细胞缺损为中心的严重免疫缺陷。其特征是在免疫缺陷基础上出现一系列临床症状,主要是机会感染、恶性肿瘤和中枢神经系统损害。本病流行广泛,病死率高,至今尚缺乏有效的治疗方法。

3. 自身免疫病

机体免疫系统对自身成分发生免疫应答的现象称为自身免疫。自身免疫既可能是生理性的,也可能是病理性的。一定限度的生理性的自身免疫有利于机体清除衰老、损伤或突变的细胞,调节免疫应答,维护机体免疫自稳。若自身免疫达到一定程度,以至于破坏自身正常组织结构并引起相应临床症状时,就产生自身免疫病。因此,自身免疫病

（AID）是指由于过度而持久的自身免疫应答，导致自身组织损伤和（或）功能障碍而引起的一类疾病。

（1）发病机制与特征。自身免疫病发病机制与Ⅱ、Ⅲ、Ⅳ型超敏反应有关。大多数自身免疫病由某一型超敏反应引起，但也有一些自身免疫病同时存在两种以上的超敏反应，如系统性红斑狼疮系由Ⅱ、Ⅲ、Ⅳ型超敏反应共同作用所致。自身免疫病有以下基本特征：

1）患者血液中可测出高效价的自身抗体和（或）针对自身抗原的效应T细胞。

2）自身抗体和（或）针对自身抗原的效应T细胞作用于表达相应抗原的组织细胞，造成组织损伤和功能障碍。

3）用实验动物可复制出相似的动物模型。

4）患者以女性多见，发病率随年龄增长而升高，有遗传倾向。

5）有重叠现象，一种自身免疫病常与其他自身免疫病同时存在。

6）病程慢性迁延，反复发作，反复缓解，有的成为终生痼疾。免疫抑制剂治疗有一定效果。

（2）自身免疫病的分类及常见的自身免疫病。自身免疫病有30多种，根据其诱发原因，可分为原发性自身免疫病和继发性自身免疫病两类。临床上大多数为原发性，少数为继发性。继发性自身免疫病与药物、外伤、感染等原因有关，与遗传无关，预后良好，除去诱因后一般都能自然痊愈。原发性自身免疫病与遗传关系密切，常呈慢性迁延，甚至为终生痼疾，多数预后不良。原发性自身免疫病又可分为器官特异性和非器官特异性两类，后者又称结缔组织病或胶原病。常见的自身免疫病见表3—1。

表3—1　　　　　　　　各系统自身免疫病

不同系统	自身免疫病举例
结缔组织	类风湿关节炎、系统性红斑狼疮、皮肌炎、硬皮病
神经肌肉组织	多发性硬化症、重症肌无力、脱髓鞘疾病
内分泌系统	原发性肾上腺皮质萎缩、慢性甲状腺炎、青少年型糖尿病
消化系统	慢性非特异性溃疡性结肠炎、慢性活动性肝炎、萎缩性胃炎
泌尿系统	自身免疫性肾小球肾炎、肺肾出血性综合征
血液系统	自身免疫性溶血性贫血、特发性血小板减少性紫癜、特发性白细胞减少症

（3）自身免疫病的治疗原则

1）消除自身抗原形成的外因。有些自身免疫病有明确的外界诱因，如药物引起的血小板减少性紫癜，当停用诱发的药物后，患者可逐渐痊愈。对由感染引起的自身免疫病，应使用抗生素控制感染。

2）免疫抑制剂治疗。环孢素A（CsA）和FK506通过阻遏IL-2、IL-2R的表达抑制 T 细胞的分化增殖，对多种自身免疫病有明显的疗效。特异性 T 细胞受体拮抗肽及 T 细胞疫苗可抑制自身免疫病的发生发展。环磷酰胺、硫唑嘌呤、氨甲蝶呤、6-巯基嘌呤等细胞毒性药物对治疗系统性红斑狼疮、类风湿性关节炎等自身免疫病也有一定效果。

3）抗炎治疗。大剂量皮质激素、水杨酸制剂、前列腺素抑制剂及补体拮抗剂等药物，可抑制炎症反应，减轻自身免疫病的临床症状。

4）生物调节治疗。通过特异性抗体治疗、胸腺素、细胞因子治疗等方法，调节免疫应答、调节细胞内功能平衡，治疗自身免疫病。

5）中医药治疗。中医药治疗自身免疫病有独到之处，已积累了不少经验。如雷公藤制剂是治疗胶原病的常用药。也可用"活血化淤法"治疗系统性红斑狼疮和类风湿性关节炎。

单元测试题

一、**填空题**（请将正确的答案填在横线空白处）

1. 人体细胞的基本结构包括_____、_____、_____3 部分。
2. 血管可分布于人体各部，血管可分为_____、_____、_____3 类。
3. 根据细菌对氧的需要不同，可将细菌分为_____、_____、_____、_____4 类。
4. _____细胞发挥细胞免疫功能，_____细胞发挥体液免疫功能。
5. 泌尿系统包括_____、_____、_____、_____4 部分。

二、**判断题**（下列判断正确的请打"√"，错误的请打"×"）

1. 人体的神经组织和淋巴组织是重要的内脏。　　　　　　　　　　（　　）
2. 细胞核内有 DNA 是遗传物质。　　　　　　　　　　　　　　　　（　　）
3. 胃黏膜可分泌胃酸、胃蛋白酶和黏液。　　　　　　　　　　　　（　　）
4. 皮肤仅有保护作用和分泌排泄功能。　　　　　　　　　　　　　（　　）
5. 类风湿性关节炎和萎缩性胃炎是自身免疫病。　　　　　　　　　（　　）

三、**单项选择题**（下列每题的选择中，只有 1 个是正确的，请将其代号填在横线空白处）

1. 下列说法不正确的一项是_____。

    A. 人体结构和功能的基本单位是细胞

    B. 中枢神经系统包括脑和脊髓

    C. 成人安静时正常心率为 70～85 次/min

    D. 肝脏的主要功能是三大营养物质的合成及激素药物的代谢

    E. 肾脏是人体的主要排泄器官

2. 下列说法正确的是_____。
   A. 甲状腺、肾上腺、性腺是人体重要的内分泌腺
   B. 骨基质是钙和磷的储存库
   C. 屏障结构、吞噬细胞、体液抗菌物质是非特异性免疫的物质基础
   D. 灭活疫苗是人工自动免疫的重要方法
   E. 以上都正确

四、简答题
1. 人体有哪些系统？试各举出主要器官或组织结构名称。
2. 免疫缺陷病的共同特点是什么？

单元测试题答案

一、填空题
1. 细胞膜 细胞质 细胞核   2. 动脉 静脉 毛细血管   3. 专性需氧菌 微需氧菌 兼性厌氧菌 专性厌氧菌   4. T B   5. 肾 输尿管 膀胱 尿道

二、判断题
1. ×   2. √   3. √   4. ×   5. √

三、单项选择题
1. C   2. E

四、简答题
略。

第4单元

药物基础知识

- □ 第一节 药物的分类及制剂特点/86
- □ 第二节 药物的体内过程/92
- □ 第三节 药物的作用/95
- □ 第四节 影响药物作用的因素/97
- □ 第五节 药品的质量标准/101
- □ 第六节 药品包装与标志/102

药物是人类防治疾病、维护自身健康的重要物质。迄今为止，在疾病的治疗中，绝大部分疗效是通过药物治疗获得的，可见药物在防治疾病中所占有的重要地位。但是，任何药物有其防治疾病的有利一面，同时也有产生不良反应的有害一面，因此，为了人类的生存和健康，作为药品购销员应当努力掌握当代药物和疾病的系统知识和理论，才能在工作实践中做到安全、有效、经济、适当地向顾客推荐使用现有药物，以确保药物最大限度地为人类健康服务。

本单元以职业技能为核心，把握科学性、先进性、实用性、创新性的原则。本单元共分6节，着重介绍了药物商品的基础知识，如药物的体内过程、作用，影响药物作用的因素等。

第一节 药物的分类及制剂特点

单元 4

→ 掌握药物的分类，处方药和非处方药的概念，特殊药品的种类
→ 熟悉常见的药物剂型及其特点
→ 了解药物剂型的概念及作用

一、药物的分类

按不同的分类原则，可将药物按国家管理要求分类，按药理作用与作用机制分类，按药物来源分类。

1. 按国家管理要求分类

（1）中药与西药。中药指在中医理论指导下，用于人体的健康与防治疾病的天然植物药、动物药、矿物药。中药在我国历史悠久，其中也包括具有民族特色的藏药、蒙药等。

西药，一般指化学合成的药物。西药是根据现代医学、现代药物理论，采用现代化学合成。由分子生物学、生物化学等现代科学技术方法研制使新药不断增加。因此，西药可称为现代药，大多是化学合成药，也包括抗生素，生化药品及生物制剂等。

（2）处方药与非处方药。处方药指必须凭执业医师或执业主力医生处方才可调配购置和使用。非处方药不需凭处方即可自行判断，购置和使用。该药品的分类管理办法有利于提高大众的自我保健意识，进一步保证安全用药。

处方药（prescription-only medicine，POM）主要用于较严重疾病，消费者不易把握药品的使用。

药物基础知识

非处方药（over the count，OTC）是疗效较好，不良反应较轻，用于一般轻微常见病的药物。如用于感冒、发热、咳嗽、一般性疼痛、维生素缺乏、小外伤、皮肤病及五官科等常见病。消费者可根据自己掌握的医学知识，按药品说明书自行判断选购有效药品。

OTC分甲、乙两类，均可在药店出售，乙类可在一般商店出售。

（3）国家基本药物。1975年，世界卫生组织建议发展中国家制定《国家基本药物目录》。我国从1982年开始遴选国家基本药物，其后发布了《国家基本药物目录》，收载了我国防治疾病必需的药物（中药约1200种，西药约770种）。自1996年起，每两年调整一次目录。

（4）城镇职工基本医疗保险药品。为对医疗保险用药费合理控制，提高保险资金使用效率，国务院相关管理部门在国家药品标准收载的药品和进口药品中按照"临床必需，安全有效，价格合理，使用方便，市场保证供应"的原则确定了城镇职工基本医疗保险用药名单，形成《基本医疗保险药品目录》。该目录药品包括甲类目录药品和乙类目录药品。甲类目录药品是临床必需、使用广泛、疗效好、同类药品中价格低的药品。

乙类目录药品可供临床治疗选择使用，疗效好，比甲类目录中的同类药品价格略高。

（5）特殊管理药品。《药品管理法》第35条规定，国家对麻醉药品、精神药品、医疗用毒性药品，放射性药品，实行特殊管理。

1）麻醉药品。麻醉药品是一类短期连续应用可产生身体依赖性（成瘾性），成瘾者一旦停用可产生严重的戒断症状的药品，如吗啡，哌替啶等。其戒断症状可表现为精神委靡不振或烦躁不安、失眠、全身不适、流泪、流涕、呕吐、腹泻、腹痛、心率加快、出汗、肌肉震颤、虚脱等，成瘾者痛苦异常。为了减轻痛苦，成瘾者常不择手段获得麻醉药品，违法犯罪，危害社会。因此，国家立法严格管理这些药物的使用。

国家食品药品监督管理局［2005］481号通知发布的麻醉药品品种目录，涉及麻醉药品121种，其中我国生产和使用的品种有可卡因、罂粟秆浓缩物、二氢埃托啡、地芬诺酯、芬太尼、美沙酮、吗啡、阿片、羟考酮、罂粟壳、瑞芬太尼、舒芬太尼、蒂巴因、强痛定（旧称布桂嗪）、可待因、复方樟脑酊、右丙氧、双氢可待因、乙基吗啡、福尔可定等21个品种。

2）精神药品。精神药品对中枢神经系统有兴奋或抑制作用，连续使用可产生精神依赖性，表现对药物继续应用的心理需求，停药后一般无明显的戒断症状。精神药品对社会安定无明显危害，但对使用者个人不利。

根据精神药品对人体危害程度与产生精神依赖性程度将其分成两类，有130种。第一类较易产生依赖性，分解产生毒性，甚至成瘾。第一类精神药品有52种，我国生产及使用的品种有丁丙诺啡、氯胺酮、马吲哚、哌醋酯（旧称哌醋甲酯）、司可巴比妥、三唑仑。第二类有77种，我国生产及使用的品种有异戊巴比妥、咖啡因、去甲伪麻黄碱、安纳咖、地佐辛及其注射液、喷他佐辛、阿普唑仑、巴比妥、氯氮平、地西泮、艾司唑仑、氟西泮、γ-羟丁酸、劳拉西泮、甲丙氨酯、米达唑仑、纳布啡及其注射剂、硝西泮、匹莫林、苯巴比妥、唑吡坦、扎来普隆、麦角胺咖啡因。

3) 医疗用毒性药品。医疗用毒性药品是指治疗量与中毒量接近，安全范围较小，易引起毒性甚至死亡的药品。有毒性的西药品种包括去乙酰毛花苷、士的宁、阿托品、三氧化二砷、氢溴酸阿托品、毛果云香碱、水杨酸毒扁豆碱、升汞、洋地黄毒苷、氢溴酸东莨菪碱、亚砷酸钾、士的宁。

有毒的中药品种包括砒石（红砒、白砒）、砒霜、水银、生马钱子、生川乌、生白附子、生附子、生半夏、生南星、生巴豆、斑蝥、红娘虫、青娘虫、生甘遂、生狼毒、生藤黄、生千金子、闹阳花、生天仙子、雪上一支蒿、红升丹、白降丹、蟾蜍、洋金花、红粉（胭脂和铅粉）、轻粉（主成分为氯化亚汞）、雄黄。

4) 放射性药品。放射性药品是用于临床诊断或治疗的放射性核素制剂或其标记化合物，如放射性碘131（^{131}I）、钴60（^{60}Co）等。

2. 按药理作用分类

(1) 作用于中枢神经系统的药物

1) 麻醉药。全身麻醉药，如麻醉乙醚、氯胺酮等。

2) 镇静催眠药，如苯巴比妥、地西泮等。

3) 抗惊厥、抗癫痫药，如苯妥英钠、卡马西平等。

4) 抗帕金森病药，如左旋多巴、卡比多巴、本海索等。

5) 抗精神失常药，如抗精神病药氯丙嗪、氯氮平，抗抑郁药丙米嗪；抗躁狂药碳酸锂，抗焦虑药地西泮等。

6) 镇痛药，如吗啡、哌替啶、喷他佐辛（旧称镇痛新）等。

7) 解热镇痛药，如阿司匹林、对乙酰氨基酚、吲哚美辛等。

8) 中枢兴奋药，如尼可刹米、二甲弗林、洛贝林等。

(2) 作用于传出神经系统的药物，如M胆碱受体激动药毛果云香碱；抗胆碱酯酶药毒扁豆碱；胆碱酯酶复活药碘解磷定；M受体阻断药阿托品；N_2胆碱受体阻断药美加明；骨骼肌松弛药琥珀胆碱；α、β受体激动药肾上腺素；β受体激动药异丙肾上腺素；β受体阻断药普萘洛尔等。

(3) 作用于心血管系统的药物，如治疗心功能不全的药物洋地黄；抗心绞痛药物硝酸甘油；抗高血压药物硝苯地平、氨氯地平、卡托普利；抗动脉粥样硬化药物洛伐他汀、普伐他汀等。

(4) 利尿药及脱水药，如呋塞米、氢氯噻嗪、螺内酯等。

(5) 作用于血液和造血系统药物，如抗凝血药肝素、华法林；止血药维生素K；抗

贫血药硫酸亚铁、叶酸等。

(6) 作用于呼吸系统药物，如平喘药肾上腺素、氨茶碱、色甘酸钠；镇咳药可待因；祛痰药氯化铵等。

(7) 作用于消化系统药物，如助消化药胃蛋白酶；抗消化性溃疡药氢氧化铝、西咪替丁、奥美拉唑、硫糖铝，泻药酚酞，止泻药复方樟脑酊等。

(8) 子宫兴奋药，如缩宫素、麦角新碱等。

(9) 性激素及避孕药，如乙烯雄酚、丙酸睾酮等。

(10) 组胺受体阻断药，如苯海拉明、西咪替丁等。

(11) 肾上腺皮质激素类药，如氢化考的松、泼尼松等。

(12) 抗甲状腺药，如丙基硫氧嘧啶、碘化物等。

(13) 降血糖药，如胰岛素、口服降糖药、格列本脲等。

(14) 抗菌药物，如人工合成抗菌药磺胺嘧啶、环丙沙星等；抗生素青霉素、庆大霉素、红霉素、头孢氨苄、四环素等。

(15) 抗真菌药、抗病毒药、抗结核药、抗麻风药，如两性霉素B、利巴韦林、异烟肼、氨苯砜。

(16) 抗寄生虫药，如抗疟药氯喹；抗阿米巴药甲硝唑；抗肠蠕虫药甲苯达唑等。

(17) 抗恶性肿瘤药，如甲氨喋呤、环磷酰胺、博来霉素、长春新碱等。

(18) 影响免疫功能的药物，如免疫抑制酶环孢素；免疫调节药胸腺素、白细胞介素等。

(19) 其他。微量元素、维生素类、酶类及生化制剂，调节水、电解质及酸碱平衡药物，延缓衰老药物等。

3. 按药物来源分类

药物大体来源于天然药物及人工化学合成。

(1) 化学合成药物。一般通称的所谓西药即是化学合成药物，其中也包括生化制剂及基因重组药物。

(2) 天然药物。主要来源于三种天然物质：

1) 植物药。绝大多中草药来自于天然植物，如人参、黄芪等。

2) 动物药。如鹿茸、穿山甲、龟甲、水蛭、蟅虫、蛇毒等。

3) 矿物药。如雄黄、硼砂、赭石等。

二、药物的剂型

1. 剂型的概念与作用

剂型（forms of drug）指药物制剂的形态，指由于药物不能直接供应患者用于疾病的防治，必须制成适合于患者应用的最佳给药方式。也根据药物性质，以及治病和处方的要求制成的药剂（成品药）。合适的剂型是为了发挥药物的最佳疗效，减少毒副作用，以及便于使用、储存和运输。

制剂指凡根据药典、药品标准或其他适当处方，将原料药按某种剂型制成具有一定规格的药剂。

现代临床常用剂型有汤剂、丸剂、散剂、膏剂、丹剂、酒剂、糖浆剂、浸膏剂、锭剂、露剂、胶囊剂、栓剂、糊剂、洗搽剂、片剂、酊剂、冲剂、气雾剂、注射剂等。不同疾病需用不同剂型。如治疗急性病，为使药效迅速，常用汤剂、气雾剂、注射剂等；有些病需要药物的持久或延缓作用，可用丸剂、膏剂、片剂等；皮肤疾患一般选用硬膏、软膏、糊剂等外用剂型；某些腔道疾患，如痔疮、溃疡、瘘管等则用栓剂、条剂、线剂等。此外，药物性质也是决定剂型的重要因素。

（1）剂型的分类

1）按给药途径分类。经胃肠道给药剂型人有肝脏首过效应，如口服给药。非经胃肠道给药剂型人无肝脏首过效应，如注射剂、呼吸道给药、皮肤给药、黏膜给药。

2）按形态分类。分为液体剂型、气体剂型、固体剂型和半固休剂型。按照药物制成的形状，例如片状、丸状、膏状等。

（2）剂型在药物的应用过程中的重要作用

1）剂型可改变药物的作用速度。剂型不同，药物作用速度不同。如常用片剂口服给药，经胃肠道吸收入血，才能发挥药理作用，作用速度相对较慢。而注射液、气雾吸入剂则作用迅速，使用于急救，缓释片、控释片则是长效制剂。

2）剂型可改变药物作用性质。这种情况在硫酸镁中表现突出。硫酸镁口服剂引起导泻作用，而5%硫酸镁注射剂静脉给药对中枢神经系统产生抑制作用，表现为镇静、抗惊厥作用。

3）改变剂型可降低或消除药物的不良反应。许多短效药物给药次数多，血药浓度有较大波动，不良反应较多见，如改成缓释剂或控释剂则血药浓度较平稳，其不良反应会减少。

4）特殊剂型可产生靶向作用。静脉注射的脂质体剂型具有微粒结构，静脉注射可被网状内皮系统巨噬细胞吞噬，使药物浓集于肝、脾而发挥靶向作用。

5）剂型明显影响药物疗效。不同剂型其制备工艺不同，药物晶型与药物粒子的大小不同，均影响药物的疗效。如静脉注射剂与口服剂型的同种药物，其作用起效时间与药物作用强度有显著差别，其疗效也不尽相同。

2. 常用剂型

常用剂型主要包括液体药剂、注射剂与滴眼剂、散剂、颗粒剂、胶囊剂、滴丸剂、丸剂、片剂、栓剂、软膏剂、膜剂、气雾剂、中药制剂、缓释剂与控释剂、靶向制剂等。

（1）液体药剂。是药物分散在适当介质中制成的液态制剂。内服液体制剂如糖浆剂、合剂、乳剂、混悬剂、滴剂。皮肤外用的有洗剂、搽剂。直肠、尿道、阴道用的灌肠剂、灌洗剂。五官科用的洗耳剂、滴耳剂、含漱剂、滴鼻剂等。

(2) 注射剂。注射剂是将药物制成供注入人体内的灭菌溶液、乳状液、混悬液，或供临用时现配成溶液（或混悬液）的无菌粉末或浓溶液。注射液按分散系统可分为5种类型。

1) 溶液型注射剂。如氯化钠注射液、葡萄糖注射液（为水溶液型）、黄体酮注射液（油溶液型）。

2) 混悬型注射液。水难溶性药物可制成水或油混悬液，如醋酸可的松注射液。混悬型注射液仅供肌肉注射。

3) 乳剂型注射液。适用于水不溶性药物，如静脉注射用脂肪乳剂。

4) 注射用无菌粉末（粉针剂）。临用前可用注射用水溶解或混悬，如青霉素G的钠盐、钾盐无菌粉末。

(3) 颗粒剂。颗粒剂是药物与适当辅料混合制成的颗粒状制剂，可直接服用，也可冲水饮用。

(4) 胶囊剂。胶囊剂是将药物装入空心硬质胶囊或密封于弹性软质胶囊中的固体制剂。胶囊剂有许多优点，如能掩盖药物的异味，提高药物的稳定性（因避开水分、空气和光线），提高了药物的生物利用度，含油量高或液态药物可制成软胶囊制剂，将缓释颗粒药物制成胶囊可延缓药物释放，可制成靶向胶囊定向释放药物（如肠溶胶囊、直肠或阴道给药胶囊）。

(5) 滴丸剂。滴丸剂是将固体或液体药物与基质加热混匀后，滴入不相混溶的冷凝液中，收缩冷凝而制成滴丸剂。滴丸剂主要用于口服，亦可外用或局部用于直肠、阴道或五官。

(6) 片剂。片剂是将药物粉末与辅料混合均匀后压制的密度高、体积小的固体制剂，是临床应用最广的剂型，便于储存、携带与服用。片剂因用途、用法及制备方法的不同可有多种类型。

1) 压制片。指药物与赋形剂混合后，经加工压制而成的片剂，一般不包衣的片剂多属此类，应用最广，如复方阿司匹林片。

2) 包衣片。在普通压制片外表面包一层衣膜的片剂，如糖衣片以焦糖为包衣材料（如氯霉素片），薄膜衣片以丙烯酸树脂、羟丙甲纤维素等高分子材料为包衣材料（如头孢呋辛酯片），肠溶衣片如红霉素片。

3) 泡腾片。指含有泡腾崩解物料的片剂。可供口服或外用。如止泻1号片、滴净沸腾片等。

4) 咀嚼片。指在口内嚼碎后下咽的压制片，多用于治疗胃部疾患。如氢氧化铝凝胶片、酵母片等，适合小儿服用。

5）多层片。指片剂各层含有不同赋形剂组成的颗粒或不同的药物，可以避免复方药物的配伍变化，使药片在体内呈现不同的疗效或兼有速效与长效的作用。如用速效、长效两种颗粒压成的双层复方氨茶碱片。

6）植入片。植入人体皮下缓慢溶解吸收、缓慢释放药物的片剂，可维持疗效数周至数月，如避孕药植入片。

（7）栓剂。栓剂是将药物与适当基质制成具有一定形状的适用于人体腔道给药的固体剂型，塞入腔道能迅速软化融化或溶解，逐渐释放药物，发挥局部或全身作用。如甘油栓用于通便，洗必泰用于治疗阴道炎。直肠栓剂使药物通过直肠吸收入血，产生全身药理作用。

（8）气雾剂。气雾剂是将药物与适宜的抛射剂装于具有阀门系统的耐压密闭容器中的特殊制剂，使用时抛射剂的压力喷射出药物。气雾剂适用于呼吸道（如用于哮喘）、耳鼻喉科疾病、皮肤（如用于烫伤创面）等。

气雾剂可制成溶液型气雾剂，药物以细雾状雾滴喷出，混悬型气雾剂以雾粒状喷出，乳剂型气雾剂以泡沫状喷出。目前用的最广泛的是吸入用气雾剂，迅速经肺吸收，发挥局部及全身药理作用，如异丙肾上腺素气雾剂用于支气管哮喘急性发作。也有皮肤黏膜用气雾剂，用于保护创面、清洁消毒、局部麻醉、局部止血。

（9）缓释剂型。缓释剂型是延长药物作用时间，使其在体内持续释放药物的剂型，如硝苯地平缓释片。

（10）控释剂型。为使血药浓度长时间恒定地维持在有效浓度范围内，使药物在设定时间内自动地以设定速度释放的剂型。

缓释控释剂型适用于半长期、短或需频繁给予的药物，使血药浓度平稳，减少不良反应，减少用药总量，减少用药次数（大多每日一次用药）。

第二节 药物的体内过程

→ 掌握药物的体内过程，生物半衰期及生物利用度的概念和意义
→ 熟悉影响药物吸收、分布、代谢、排泄的主要因素

一、基本概念

药物的体内过程是人体对药物处置的过程。这一过程包括药物在人体内的转运和转

化。转运包括药物的吸收、分布和排泄，转化即药物在人体内代谢。

药物在人体通过生物膜的转运和跨膜的转运，其转运方式大多为被动转运，即药物顺着生物膜两侧的浓度梯度，从高浓度一侧向低浓度一侧扩散转运（顺梯度转运），不耗能量，不需要载体，无饱和现象，无竞争性抑制。如药物分子量小、脂溶性大、极性小、非解离型的药物，易于跨膜被动转运。大多数药物是被动转运。

有些药物转运方式是主动转运，需要载体，消耗能量，有饱和现象，有竞争性抑制，药物主动转运主要在神经元、肾小管和肝细胞中进行。如青霉素与丙磺舒可经肾小管主动分泌排泄，可出现竞争性抑制。仅有极少数药物为主动转运。

1. 吸收

吸收是指药物从给药部位进入血液循环的过程。药物吸收程度受药物理化性质、药物剂型、剂量与给药途径的影响。小分子、脂溶性高、非解离型药物易跨膜转运而被吸收。

最常用的给药途径是口服给药。口服药物先在胃内崩解才可吸收，因胃内容物排空较迅速，故仅少量药物在胃内吸收，大多数药物在小肠上部吸收。因肠壁血流量丰富，肠道蠕动快，肠黏膜吸收表面积大，故大多数药物经肠道吸收。药物经胃肠吸收后，进入肝门静脉，某些药通过肠黏膜和肝脏时，部分药物被代谢致使进入血循环的药量减少，这一现象称为首关消除。如普萘洛尔口服，其首关消除明显。

决定药物在胃肠吸收的因素主要在于药物脂溶性及吸收环境 pH 值的改变。多数药物能以脂溶扩散方式透过双层脂质的细胞膜，水溶性小分子药物可通过细胞膜上的亲水微孔扩散吸收。pH 值的改变可影响药物的解离度。如弱酸性药物阿司匹林在胃内酸性环境中不易解离，脂溶性大，易被吸收，但在碱性环境中，解离型增多，脂溶性降低，不易吸收。弱碱性药物阿托品主要在碱性肠液中吸收。

皮下或肌肉注射通过毛细血管壁迅速吸收，脂溶性药物通过被动转运进入血循环，水溶性药物则吸收迅速下降，作用时间延长，如普鲁卡因、青霉素混悬液。

2. 分布

分布是药物从血液向组织器官转运的过程。药物分布使血药浓度下降。大多数药物分布不均匀，是因为药物与血浆蛋白结合率、器官血流量、药物与组织亲和力、体液 pH 值及体内屏障不同而分布不均匀。某些药物与某些组织有高度亲和力，使药物分布有一定选择性，如碘在甲状腺中浓度比血浆浓度高 1 万倍，又如洋地黄主要分布于心肌组织。

药物入血后，大多与血浆蛋白结合，结合性药物暂时无活性，不被代谢和排泄。结合性药物与游离性药物之间处于动态平衡，当游离性药物经分布、代谢、排泄使血药浓度降低时，结合性药物即可释放出游离型药物而起药理作用。联合用药时，可出现血浆蛋白结合部位的竞争现象，出现结合部位的置换，如血浆蛋白结合率高的保泰松与华法林合用时，华法林结合部位被保泰松置换，而使华法林游离型增加而其抗凝作用的增强甚至引起自发性出血。

机体屏障结构影响药物分布，如血脑屏障和胎盘屏障。大分子、极性高的药物不能透过血脑屏障，脂溶性较高的药物可透过血脑屏障进入脑内。许多药物可透过胎盘屏障进入胎儿体内，引起胎儿中毒或畸形，故许多药物孕妇禁用或慎用。

3. 代谢（生物转化）

肝脏是药物代谢的主要器官，在肝药酶作用下，通过水解、氧化、还原等方式降解药物。有些药物可加速肝药酶合成或增强肝药酶活性，称为药酶诱导剂，如苯巴比妥、苯妥英钠、利福平等。相反，能抑制肝药酶合成或降低其活性的药物称为药酶抑制剂，如氯霉素、异烟肼、保泰松等。药酶诱导剂与被药酶代谢的药物合用，则后者作用减弱，相反，与药酶抑制剂合用，其药理作用增强。

4. 排泄

药物可通过多种器官排泄，但主要排泄途径是肾脏，其次通过胆汁排泄。某些药物可经肺、汗腺、乳腺排泄，大多数药物（原形、代谢物）随尿排泄，弱酸性药物在酸性尿中不易解离，脂溶性高，易被肾小管重吸收，故排泄较慢。弱酸性药物在碱性尿中易解离，脂溶性降低，肾小管再吸收少，易于排出。如苯巴比妥中毒时，可口服或静脉滴注碳酸氢钠碱化尿液，促进苯巴比妥解离，加速其排泄。有少数药物经肾小管主动转运，如丙磺舒与青霉素G从肾小管分泌排出，可产生竞争，青霉素血药浓度升高，体内存留时间延长。

有些药物从胆汁分泌，进入十二指肠，某些结合性药物再度被细菌或酶水解而再吸收，形成肝肠循环，其药物消除减慢，作用时间延长，如洋地黄毒苷的肝肠循环率高达26%。

某些药物可进入乳汁，如红霉素静滴时在乳汁中的浓度是血药浓度的70%，哺乳妇女用这类药物可引起乳儿中毒，故应禁用。

二、药物代谢动力学主要参数

药物代谢动力学（简称药动学）是研究药物在人体中的吸收、分布、代谢及排泄过程以及血药浓度随时间变化规律的科学。药物代谢动力学参数主要包括表观分布容积（V_d）、血浆清除率（CL）、半衰期（$t_{1/2}$）及生物利用度（F）等。仅介绍常用参数。

1. 半衰期（$t_{1/2}$）

半衰期是血浆中药物浓度下降一半所需的时间。$t_{1/2}$是反映药物消除速度的重要参数。绝大多数药物按一级动力学消除（单位时间内定比消除），其$t_{1/2}$恒定。一般如按半衰期间隔给药，约经5个$t_{1/2}$后血药浓度可达稳定浓度（C_{SS}）。

2. 生物利用度（F）

生物利用度是指药物给药吸收进入体循环的百分数。计算公式为：
$$生物利用度 = A/B \times 100\%$$
A 为体内药物总量；B 为用药剂量。口服给药因吸收不完全，或在达到全身血循环前一部分药物在肠道内、肠壁细胞内、门静脉内或肝脏被代谢而使生物利用可能小于100%，如阿托品口服生物利用度为50%，普萘洛尔生物利用度仅为30%（首关消除率60%～70%）。

第三节 药物的作用

→ 掌握药物作用的含义及不良反应的类型
→ 熟悉药物作用的主要类型

一、药物的基本作用和治疗作用

1. 药物的基本作用

药物作用是指药物与机体细胞间的相互作用，引起机体器官原有功能水平的改变。药物的基本作用表现为机体器官功能的提高，称为兴奋；反之使功能降低，称为抑制。所以，药物的基本作用是兴奋和抑制。如尼可刹米可兴奋呼吸中枢，吗啡可抑制呼吸中枢。有些药物对机体某器官产生兴奋作用，有些产生抑制作用，其表现都是药物改变机体器官原有功能水平，或提高或降低而体现药物的兴奋作用或抑制作用。

2. 药物的治疗作用

药物的治疗作用是指药物所起到的符合用药目的，有利于防病、治病的作用，根据药物作用所达到的效果可分为对因治疗和对症治疗。

（1）对因治疗。用药目的在于消除原发致病因子，以便彻底治愈疾病。

（2）对症治疗。用药目的在于改善疾病的症状，是对于某些诊断不明或病因未明暂时无法根治的疾病所进行的治疗。

二、药物作用的主要类型

药物作用可根据药物作用部位、作用范围及是否符合用药目的进行分类。

1. 局部作用与吸收作用

根据药物作用部位可分为局部作用与吸收作用。局部作用是药物在用药局部或接触机体组织所产生的药理作用，如烧伤创面感染局部用磺胺米隆以消炎。吸收作用是指药物吸收入血后分布到组织器官所呈现的全身作用。大多数药物经口服途径，或舌下给药、直肠给药、皮下或肌肉注射等均呈现吸收作用。

2. 选择性作用

药物在采用治疗量情况下，大多表现对机体某器官或系统的作用选择性，如地高辛选择性兴奋心肌，氢氯噻嗪选择性作用于肾脏而利尿。有些药物可对多种器官或系统产生作用，表现出非选择性，如阿托品对消化道、呼吸道、心血管及汗液、唾液腺都有作用。药物选择性是相对的，小剂量时可表现为选择性作用，大剂量则引起广泛的多器官多系统的全身作用。如治疗量的洋地黄主要作用于心脏，大剂量可作用于消化道、神经系统，引起消化机能紊乱及视觉色觉异常。

3. 防治作用

防治作用是符合用药目的并产生防治疾病效果的作用，包括治疗作用和预防作用。治疗作用可分为对因治疗，即可消除病因（如抗菌药物、蛔虫药）和对症治疗，即缓解或消除疾病症状，解除病人痛苦。如解热镇痛药用于发热和一般性疼痛（头痛、牙痛、关节痛、肌肉痛、月经痛等）。对症治疗有利于迅速缓解症状，维护机体重要的生命活动指标，促进疾病痊愈。

4. 药物不良反应（ADR）

药物不良反应是药物引起的与治疗目的无关或严重损害机体的种种反应。ADR按其性质可包括以下几种：

（1）副作用。即药物在治疗量（常用量）情况下出现的与治疗目的无关的作用，可给病人带来不适或轻度痛苦，一般对人体危害不大，多数副作用停药后可恢复。副作用是药物的固有作用，可预见但多难以预防。如阿托品解除胃肠疼痛时可出现口干，即为副作用。有些副作用可预防，如麻黄碱平喘时可引起失眠，同服镇静催眠药可预防。

（2）毒性作用。药物毒性反应是因用药剂量过大，或治疗量应用时间过长引起的对机体的严重损害，可引起多种药源性疾病。如久用氨基糖苷类抗生素可引起耳聋。特殊毒性即致细胞突变、致癌和致胎儿畸形。许多药物可致细胞突变，如抗癌药（环磷酰胺、塞替哌等）可引起正常细胞突变，阿司匹林、氯丙嗪等可引起血细胞染色体畸变。致癌作用在细胞突变基础上产生，其潜伏期可达几年或更长。已知有致癌作用的化学药物有20余种，环磷酰胺、己烯雌酚、溶肉瘤素、结合型雌激素有肯定的致癌作用。

可引起胎儿畸形的药物有多种，如己烯雌酚、丙基硫氧嘧啶、甲苯磺丁脲、四环素、氯丙嗪、华法林及多种抗癌药等。孕妇在妊娠3个月内禁用致畸药物。

（3）后遗反应。即指停药后血药浓度已降至阈浓度以下残存的生物效应，如巴比妥类引起的宿醉。

（4）继发性反应。继发性反应是药物间接作用的后果，如应用广谱抗生素四环素，敏感细菌被抑制，不敏感的细菌、真菌趁机繁殖引起新的感染，即二重感染就是继发性反应。

(5) 药物变态反应。即过敏反应，药物或代谢物作为抗原与机体产生的特异性抗体结合或致敏淋巴细胞作用引起过敏反应。可分为速发型（如过敏性休克、哮喘、鼻炎等）、细胞毒型（引起细胞溶解）、免疫复合物型（引起血管炎性损伤）及迟发型（如接触性皮炎）。

(6) 撤药反应。即长期用药突然停药可引起原病情加重，如长期用普萘洛尔降压，突停可引起血压反跳性升高而带来危险。

(7) 依赖性。反复或连续用药可引起精神依赖性（如阿司匹林、地西泮），表现为心理性依赖，有连续用药的心理需求，停药后无严重或戒断症状。也可引起身体依赖性，为生理上的依赖状态，表现为成瘾性，一旦停用可引起严重戒断症状（吗啡、哌替啶等）。麻醉药品连续用可引起成瘾。必须对毒品采取严格的管理。

第四节 影响药物作用的因素

培训目标
→ 熟悉影响药物作用的因素
→ 了解药物的相互作用
→ 影响药物作用的因素主要包括药物因素、机体因素及给药方法因素

一、药物方面的因素

药物方面影响药物作用的主要因素是药物的剂量，因为药物剂量的大小决定血药浓度的高低和药理作用的强弱。在一定范围内，药物的作用与剂量成正比，增加剂量作用增强。如果超过一定范围，作用不但不会继续增强，反而可能引起毒性反应。因此，临床用药必须严格掌握用药剂量，尤其是毒性较大的药物剂量。临床药物用量如治疗量或常用量是药典规定的药物剂量，在药品说明书中均注明了治疗量，应按说明书所标的剂量使用。能引起药理效应的最小剂量为最小有效量，引起中毒的最低剂量为最小中毒量。没有引起中毒的最大治疗量为极量，超过极量即可引起中毒。因此，临床用药一般不使用极量。治疗量（常用量）有一定的剂量范围，根据病人具体需要可在此范围内调整剂量。

二、机体方面的因素

1. 性别和年龄

男性与女性对药物敏感性方面无明显差异,但女性在月经期、妊娠期、分娩期及哺乳期用药应格外注意。如月经期不宜使用强效抗菌药和抗凝血药。妊娠首3个月应避免使用有可能引起胎儿畸形的药物。哺乳期禁用红霉素、卡那霉素、四环素、氯霉素、喹诺酮类及苯二氮䓬类药物,因药物可进入乳汁,可引起乳儿中毒和严重不良反应。

不同年龄阶段的人对药物的敏感性、耐受性均有所不同。儿童用药剂量必须认真折算,可根据年龄折算,根据年龄用公式折算,根据体表面积计算或根据体重折算。由于儿童体重轻加上处于发育阶段,对药物的敏感性与成年人不同,肝脏解毒功能与肾脏排泄功能在小儿发育阶段尚不完善,某些药可引起严重毒性。如早产儿、新生儿用氯霉素可引起"灰婴综合征"。

老年人因肝肾功能降低,对药物耐受性较差,用药易引起蓄积性中毒,因此用药剂量应适当减少,一般可采用成人剂量的3/4,80岁以上的老年人可用成人量的1/2。

2. 个体差异

不同个体对药物反应不尽相同。少数人对某种药物高度敏感,小剂量药物即可引起明显的药理效应,甚至出现毒性反应,表现为高敏性。有些人因有遗传缺陷,如缺乏葡萄糖-6-磷酸脱氢酶,服用磺胺药可引起溶血性贫血,表现为特异质反应。

有些药物反复应用后,病人对药物敏感性降低,表现为耐受性。继续用药可引起病人对药物的依赖,渴望继续用药,表现为精神依赖性。如阿司匹林、地西泮等可引起精神依赖性(心理依赖性)。有些麻醉药品,如麻醉性镇痛药吗啡、哌替啶(旧称杜冷丁)短期反复用,可引起成瘾性,突然停药可产生戒断症状,表现为身体性依赖性(生理性依赖)。

3. 病理状态

疾病可使人体主要脏器功能改变,同时影响药物的体内过程。肝是药物代谢的主要器官,当肝功能受损时,其代谢药物功能降低,可使药物作用增强,作用时间延长。肾脏是排泄药物的主要器官,当肾脏功能不良时,排泄药物减慢,药物半衰期延长,作用增强。当肝肾功能障碍时,不当用药,可引起药物蓄积性中毒。

4. 其他因素

病人的营养、心理与精神状态同样影响药物作用,良好的心理状态有助于发挥药物作用。

三、给药方法因素

主要涉及给药途径、给药次数与时间间隔、配伍用药及药物相互作用。

1. 给药途径

不同给药途径明显影响药物的吸收、代谢和排泄,从而改变药物的起效时间和作用强度。因此,应根据病人具体情况选择合适的给药途径,以便充分发挥药效,减少不良反应。

(1) 口服给药。临床最常用的给药途径是口服给药,因方便、安全而广泛应用。但口服给药吸收较慢且吸收不规则,食物可减少药物吸收。不同药物口服吸收率有很大差异,因此不同药物起效时间与药物作用强度也有很大不同。

(2) 注射给药。注射给药方法有皮内、皮下、肌肉和静脉注射、静脉滴注等,注射给药剂量准确,皮内、皮下、肌肉注射吸收完全,作用迅速,静脉给药作用最快、最强,适用于危重病人。

(3) 直肠给药。直肠给药是将栓剂塞入直肠或灌肠,可进行局部治疗,也可通过肠黏膜吸收,进入循环产生全身作用,不经过肝脏直接进入。

(4) 舌下给药。舌下给药吸收迅速,如舌下含服硝酸甘油可迅速缓解心绞痛。吸入给药,药物经呼吸道吸收,同样吸收完全,作用迅速,如吸入异丙肾上腺素气雾剂可迅速缓解支气管哮喘急性发作。

2. 给药次数和间隔时间

根据药物半衰期确定给药时间与给药间隔时间,半衰期短的药物,给药次数相对多,半衰期较长的药物宜延长给药间隔时间,否则有可能引起药物蓄积性中毒。

3. 药物相互作用

临床上常有两种或两种以上药物联合应用,有可能引起药物间的相互作用。药物相互作用主要表现在药剂学方面的相互作用、药动学方面的相互作用和药效学方面的相互作用。

(1) 药剂学方面的相互作用。两种药物物理或化学性质不相容即可发生药剂学相互作用。例如,当丝裂霉素使用5%葡萄糖(pH值为4~5)溶液配置时,会导致丝裂霉素迅速降解无活性,足叶乙甙与5%葡萄糖溶液配伍可产生细微沉淀。另外,药物赋形剂或包材也对药代动力学和药效学存在影响。如将阿霉素用聚乙烯脂质体包裹,药物的心脏毒性明显减少,但也会明显影响药代动力学。脂质体包裹的药物与游离的阿霉素相比,清除降低到1/250,而分布容积降低到1/60。剂量限制性毒性也由普通阿霉素的骨髓抑制、心脏毒性变为脂质体阿霉素的手掌脚底红肿性感觉障碍。药物与聚氯乙烯材料可发生相互作用,即药物被吸附或增塑剂析出。紫杉醇不能接触聚氯乙烯塑料的器械,必须使用一次性非聚氯乙烯材料的输液瓶和输液管。

(2) 药动学方面的相互作用。两种药物合用有可能影响药物的体内过程,即影响药物的吸收、分布、代谢和排泄。

1) 吸收。有些药物可引起肠的吸收功能降低,如对氨水杨酸与利福平合用,则减少后者的吸收，使血药浓度降低。又如呋喃坦啶、氨苯蝶啶、苯妥英钠、口服避孕药等长期服用，可减少叶酸在肠道的吸收，甚至可能引起巨细胞性贫血。有些药物与含有 Ca^{2+}、Mg^{2+}、Al^{3+} 等离子药物同服，可与这些离子生成配位化合物而阻止药物吸收。如四环素不宜与碳酸钙、氢氧化铝硫酸亚铁、次碳酸铋合用。如需合用则应相隔 2～3 h 分别服用。

2）分布。用药物可改变药物的分布。药物吸收入血可与血浆蛋白结合，形成结合型药物而不具药理活性。游离型药物才能发挥药理效应。不同药物血浆蛋白结合率不同，如将血浆蛋白结合率高的药物与结合率低的药物合用，可能引起血浆蛋白结合部位竞争或置换，使后者游离型药物增加，作用增强，甚至引起毒性反应。如甲苯磺丁脲（口服降糖药）血浆蛋白结合率为 88％，保泰松（解热镇痛药）血浆蛋白的结合率为 98％，两者合用有可能引起低血糖。

3）代谢。药物合用可引起药物代谢的改变，大多数药物在肝脏代谢，肝微粒体酶（肝药酶）通过氧化、脱羧、脱胺、羟化等反应使药物降解，许多药物可影响肝药酶活性，有些药物可增加肝药酶活性（称药酶诱导剂），如苯巴比妥、苯妥英钠、利福平、保泰松等。有些药物则抑制肝药酶活性（称药酶抑制剂），如氯霉素、西咪替丁、环丙沙星、地西泮等。如果药物与药酶诱导剂合用，则该药被加速代谢而作用减弱，如抗凝血药华法林与苯巴比妥合用，则其抗凝血作用会降低；反之，与酶抑制剂合用，作用会有所增强。

4）排泄。药物合用可影响药物排泄，两药合用可能改变在肾小管的分泌或重吸收，也可能影响电解质平衡。如两种药物均经肾小管主动分泌排泄，则可能出现排泄部位的竞争，易排泄的药物竞争载体，先行分泌排泄，而相对竞争力低者则排泄少而滞留体内，药效持续较长且增强。如丙磺舒与青霉素 G 合用，则后者排泄减慢，作用增强。两药合用也可影响肾小管再吸收。弱酸性药物如巴比妥类、水杨酸类在酸性尿中解离度小，脂溶性高，易于被动转运而被肾小管重吸收。同样，弱碱性药物如氨茶碱、哌替啶等在碱性尿中重吸收增加，排除减少。如果弱酸性药物与弱碱性药物同服，可因尿液碱化，弱酸性药物被解离，脂溶性降低，肾小管重吸收减少而加速排泄。如苯巴比妥急性中毒时，可服碳酸氢钠，碱化尿液而加速排泄以解毒。

(3) 药效学方面的相互作用。两种药物合用可引起药理作用的协同或作用的拮抗。中枢抑制药之间合用，可使其作用增强。如地西泮（镇静催眠药）与氯丙嗪（抗精神病药）合用，其中枢抑制作用可相互增强，这是作用于不同作用部位或不同受体的协同作用。有些作用于同一部位或受体的药物合用，所产生的协同作用可能引起毒性反应，如链霉素可抑制神经肌肉接头的信息传递，若与骨骼肌松弛剂筒箭毒碱合用，可引起骨骼肌麻痹，甚至呼吸肌麻痹。链霉素与庆大霉素都对听神经有损害，两者合用更易引起耳聋，故不宜合用。

药物合用也可引起竞争性拮抗作用和非竞争性拮抗作用。如口服降糖药甲苯磺丁脲可促进 B 细胞释放胰岛素，噻嗪类利尿药与甲苯磺丁脲化学结构相似，可对抗后者的降糖作用。两者作用部位相同，表现出竞争性拮抗作用。

作用部位不同的药物合用也可产生非竞争拮抗作用。如治疗帕金森病的左旋多巴，口服给药，可在外周被多巴脱羧酶脱羧形成多巴胺而不易通过血脑屏障而疗效不佳，如果左旋多巴与维生素 B_6 合用，则因后者作为多巴脱羧酶的辅酶而使其活性增强，将进一步加速左旋多巴在外周脱羧，使其疗效降低，因此左旋多巴应避免与维生素 B_6 合用。

第五节 药品的质量标准

→ 熟悉药品质量标准的原则及内容
→ 了解药品质量的概念及药品质量指标

一、药品质量的概念及药品质量指标

药品的质量是对形成药品使用价值的各种客观属性和使用药品的主观满意程度的综合评价，是药品使用价值的市场表现形式，是衡量药品使用价值大小的尺度。由于药品质量具有两重性即物质性与社会性，所以对药品质量的评价除了与物质性有关外，还与其社会性有关。

药品质量标准是为保证药品质量而对各种检查项目、指标、限度、范围等所做的规定。药品质量标准是药品的纯度、成分含量、组分、生物有效性、疗效、毒副作用、热原度、无菌度、物理化学性质以及杂质的综合表现。药品质量标准分为法定标准和企业标准两种。法定标准又分为国家药典、行业标准和地方标准。药品生产一律以药典为准，未收入药典的药品以行业标准为准，未收入行业标准的以地方标准为准。无法定标准和达不到法定标准的药品不准生产、销售和使用。

二、药品质量标准的制定原则

药品质量标准的制定原则必须从满足社会对药品的需要出发，坚持"质量第一"，体现"安全有效、经济合理、技术先进"的原则，做到有利于保护药品消费者的利益，有利于利用国家资源，有利于促进对外经济技术使用及贸易，保护环境等。

医药商品购销员（基础知识）

三、药品质量标准的内容

药品质量标准的内容包括名称，成分或处方组成，含量及检查、检验的方法，制剂的辅料，允许的杂质及限量、限度，技术要求，用途、用量，包装，储藏方法等。

第六节 药品包装与标志

→ 掌握各类包装标志、说明书的格式及内容
→ 熟悉包装的类别、材料及容器的规定
→ 了解包装的基本要求

一、药品包装的基本要求

药品包装的基本要求是：包装应适应不同流通条件的需要，包装应和内容物相适，包装要符合标准化要求。

此外，药品包装还有一些具体要求：药品包装（包括运输包装）必须加封口、封签、封条或使用防盗盖、瓶盖套等；标签必须贴牢、贴正，不得与药物一起放入瓶内；凡封签、标签、包装容器等有破损的，不得出厂和销售。特殊管理药品及外用药品的标签上必须印有规定的标志。在国内销售的药品的包装、标签、说明书必须使用中文，不能使用繁体字、异体字，如加注汉语拼音或外文，必须以中文为主体，在国内销售的进口药品，必须附中文使用说明。凡使用商品名的西药制剂，必须在商品名的下方括号内标明法定通用名称等。

二、药品包装的类别、材料及容器

1. 药品包装的类别

包装可按包装在流通领域中的作用分类和按包装技术与目的分类。

（1）按包装在流通领域中的作用分类可分为销售包装和储运包装两种。

1）药品销售包装。具有保护药品、美化药品、宣传药品和促销药品的作用。药品销售包装应结构新颖、造型美观、色彩悦目，便于陈列和展销。药品包装外观设计应力求新颖独特，如能获得外观设计专利，则会对制药企业产品占领市场产生巨大影响。

2）储运包装（外包装）。指内包装外面的木箱、纸箱等包装物，具有保障药品安全、完好，又便于储运装卸和交接点验等作用。外包装要有明显的运输标志，危险品要有国家标准的危险货物包装标志，特殊管理的药品及外用药品应有专用标签。

(2) 按包装技术与目的分类，可包括真空包装、充气包装、无菌包装、条形包装、喷雾包装、儿童安全包装及危险品包装等。

2. 药品常用的包装材料

(1) 玻璃。因玻璃具有能防潮、易密封、透明和化学性质比较稳定等优点，是目前使用最多的药品包装材料之一。但玻璃也有其易碎、较重等缺点，所以为了保证药品的质量，药典规定安瓿、大输液瓶必须使用硬质中性玻璃；在盛装遇光易变质的药品时，应选用棕色玻璃制成的容器。

(2) 塑料。塑料是现代包装工业中常用的包装材料。可用于药品的内、外包装，具有包装牢固、容易封口、色泽鲜艳、透明美观、质量轻、携带方便、价格低廉等优点。但是由于塑料在生产过程中常加入附加剂，作为直接接触药品的包装材料，这些附加剂可与药品发生化学反应，使药品质量发生变化。塑料还具有透气、透光、易吸附等缺点，这些缺点可加速药品氧化变质的速度，引起药品变质。

(3) 纸制品。纸制品的原料来源广泛，成本较低，刷上防潮涂料后具有一定的防潮性能，包装体积与形状可随需要而制造，具有回收使用的价值，是当今使用最广泛的包装材料之一。缺点是撕破强度低，易变形。

(4) 金属。金属作包装材料常用的是黑铁皮、镀锌铁皮、马口铁、铝箔等。一般用于盛装需要密封的软膏、液体药物、化学危险品、压缩气体等。该类包装耐压、密封性能好，但成本较高。

(5) 木材。木制品具有耐压性能，是常用的外包装材料，主要有木箱、胶合板、木桶、木箱等。但我国木材资源短缺，有逐步被纸和塑料制品代替的趋势。

(6) 复合材料。复合材料是包装材料中的新秀，是用塑料、纸、铝箔等进行多层复合而制成的包装材料。常用的有纸—塑复合材料、铝箔—聚乙烯复合材料、铝箔—聚氯乙烯等。这些复合材料具有良好的机械强度，耐生物腐蚀性能，保持真空性能及耐高压性能等。

(7) 橡胶制品。药用包装上使用橡胶制品最多的是各种瓶塞，主要用于严封包装抗生素粉针剂、冻干粉、输液、血浆等瓶装药品。由于直接与药品接触，故要求具有非常好的稳定性及优良的密封性，以确保药品在有效期内不因空气及湿气的渗透而变质。

包装材料向以纸代木，以塑代纸或向纸、塑料、铝箔等组成各种复合材料的方向发展。特种包装材料，如聚四氟乙烯塑料、有机硅树脂、聚酯复合板或发泡聚氨酯等都处于上升趋势。

3. 药品常用的包装容器

(1) 密闭容器。密闭容器指能防止尘埃、异物等混入的容器，如玻璃瓶（见图4—1）、纸袋、塑料袋（见图4—2）等。凡受空气中氧、二氧化碳、湿度等因素影响不大，

图4—1 玻璃瓶

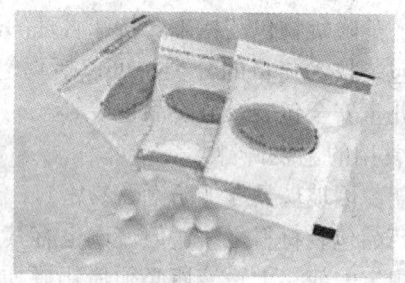

图4—2 塑料袋

仅需防止损失和尘埃等杂质混入的药品均可使用此类容器密封。

密封容器指能防止药品风化、吸湿、挥发或异物污染的容器,如带紧密玻璃塞或木塞的玻璃瓶、软膏管、铁听等,最好用适宜的封口材料辅助密封。适用于盛装易挥发的液体药品及易风化、潮解、氧化的固体药品。

（2）熔封和严封容器。熔封和严封容器指将容器熔封或以适宜的材料严封,能防止空气、水分进入与细菌污染的容器,如玻璃安瓿(见图4—3)或输液瓶(见图4—4)等。用于注射剂、血清、血浆及各种输液的盛装。

图4—3 玻璃安瓿

图4—4 输液瓶

（3）遮光容器。遮光容器指能阻止紫外光透入,保护药品不受光化作用的一种容器,如棕色玻璃瓶(见图4—5)、普通无色玻璃瓶外面裹以黑纸或装于不透明的纸盒内。主要用于盛装遇光易变质的药品。

三、药品包装上的标志

1. 药品标签

根据《药品管理法》规定,药品的包装必须印有或贴有标签。标签分为内包装标签和外包装标签。标签内容不得超出国家食品药品监督管理局批准的药品说明书所限定的内容,文字表达应与说明书保持一致。

图4—5 棕色玻璃瓶

2. 注册商标

药品注册商标是由文字、符号及图形等综合组成的，是药品的销售包装及其他宣传品上专用的标志，也是药品生产者为把自己的产品与他人的同类产品相区别的标志，它代表了该药品的出处、特定的质量和生产者的专有权，任何人未经许可禁止使用他人已注册的商标。必须使用注册商标的药品指人用的中成药（包括药酒）、化学原料药及其制剂、抗生素、生化药品、放射性药品、血清疫苗、血液制品和诊断药品等。

药品的商标是通过一定的艺术形象表示的，应做到美观新颖，简单鲜明，能够表现医药企业及其产品的特色，切忌效仿和夸张；如果是出口药品，其商标的图案、色彩和发音要考虑有关国家的风俗习惯、审美习惯及语言习惯等。此外还要符合有关国家与地区在药品商标注册方面的有关规定。

对进口药品不要求必须使用我国的注册商标，但进口药品分装出售时，必须在其说明书或包装上注明原商标或使用分装企业的注册商标。

注册商标印制方法是，在药品包装物上的商标名称的右上方，印上一个®。R是英语Registered Trademark的缩写，印制时在R上印一个圆圈，表示已登记注册。注册商标有效期为10年。

3. 条形码

条形码是商品的识别标志，它是印在商品销售包装上的粗细不等的深色线条，线条下编有数码，是一种利用光电扫描阅读设备给计算机输入数据的特殊代码，可靠性高，输入快，适用性广，简便易行，凡是规则包装的商品都可使用条形码标志。每一种产品的条形码是不同的，故又称为商品代码。它能反映出该商品的有关资料、商品本身的代号、商品生产的国家和地区、生产厂商的名称等（但不包括商品的价格）。商品采用条形码是企业进入国际市场的必备条件。

通常的商品条形码的数字码由13位数字组成，第1~12位为产品代码（前3位是国别码；中间4位是制造商号，代表一个企业，具有唯一性；后5位是实际产品代码）；第13位是校验码，是为了防止差错而设置的。

4. 批准文号

药品批准文号是药品生产合法性的标志。《药品管理法》规定，生产药品"须经国务院药品监督管理部门批准，并发给药品批准文号"。我国现行的药品批准文号格式规定如下：

国药准字＋1位字母＋8位数字

试生产药品批准文号格式：

国药试字＋1位字母＋8位数字

字母的含义：化学药品使用字母"H"，中药使用字母"Z"，通过国家药品监督管理局整顿的保健药品使用字母"B"，生物制品使用字母"S"，体外化学诊断试剂使用字母"T",药用辅料使用字母"F",进口分包装药品使用字母"J"。

数字第1、2位为原批准文号的来源代码,其中"10"代表原卫生部批准的药品,"19""20"代表2002年1月1日以前原国家药品监督管理局批准的药品,其他使用各省行政区划代码前两位的,为原各省级卫生行政部门批准的药品。第3、4位为换发批准文号之年公元年号的后两位数字,但来源于卫生部和原国家药品监督管理局的批准文号仍使用原文号年号的后两位数字。数字第5至8位为顺序号。如"国药准字H10960010"中H代表化学药品,10指原来由卫生部批准的药品,96代表原来由卫生部批准该药生产时的年份,0010为新文号的顺序号。从文号可知是国家食品药品监督管理局批准换发原来由卫生部1996年批准生产的化学药品的批准文号。又如"国药准字S44020568"是指原广东省地方标准上升为国家药品标准后统一批准文号格式的药品文号。

5. 药品批号

在规定限度内具有同一性质和质量,并在同一连续生产周期生产出来的一定数量的药品为一批。药品的批号是用于识别"批"的一组数字,每批药品均应指定生产批号。我国医药企业一般用6位数来表示批号,前2位表示年份,中间2位表示月份,后2位表示产品在当月所属的批次。也有的生产企业利用药品的生产日期来表示批号。

6. 药品有效期

药品的有效期是指在一定的储存条件下,能够保证药品质量的期限。有效期药品大多是一些稳定性较差的药品,它们在储存期间疗效降低,毒性增大,有些甚至不能药用。应注意无有效期规定的药品并非是永远安全有效的,只不过鉴于种种原因,目前对某些药品尚未制定有效期。

(1) 药品的使用期。少数药品虽然没有有效期的规定,但放置时间较长也能影响药品的质量,因而对这部分药品规定了使用期,其含义和要求均不同于有效期。使用期指少数药品应在规定的时间内保存和使用,超过规定期限的药品经检验合格后仍可继续使用,而有效期药品过期后不得再供使用。

(2) 药品的厂负责期。厂负责期是根据药品的性质、生产水平及储存条件的情况经过工商双方的议定并经有关部门批准的。制定药厂对产品的负责期限的主要目的是加强药品的质量管理,促进生产单位提高药品质量和供应部门加速药品周转,以解决药品出厂后不合格药品的工商责任界限。超过厂负责期的药品仍为合格品时,可以继续销售使用。

7. 专有标志

非处方药专有标志是用于已列入《国家非处方药目录》,并通过药品监督管理部门审核登记的非处方药药品标签、使用说明书、内包装、外包装的专有标志,也可用作经营非处方药药品的企业指南性标志。

非处方药专有标志图案分为红色和绿色，红色专有标志用于甲类非处方药药品，绿色专有标志用于乙类非处方药药品和用作指南性标志。使用非处方药专有标志时，药品的使用说明书和大包装可以单色印刷，标签和其他包装必须按照国家药品监督管理局公布的色标要求印刷。单色印刷时，非处方药专有标志下方必须标示"甲类"或"乙类"字样。

四、药品说明书

药品说明书是指导病人安全合理用药必需的文字资料，在药品内包装物上必须印上或附有说明书。

1. 药品说明书的一般格式

（1）化学药品说明书格式。一般应包括以下内容：

1）药品名称。通用名、商品名、英文名、汉语拼音。

2）主要成分。化学名称、化学结构式（复方应注明组合名）。

3）性状。

4）药物代谢动力学（主要参数，如吸收率、生物利用度、血浆蛋白结合率、半衰期等）。

5）药理作用。

6）适应证。

7）不良反应。

8）禁忌证与注意事项。

9）用法用量。

10）药物相互作用。

11）有效期、批准文号、生产企业（名称、地址、电话、邮编、网址）。

（2）中药说明书格式。格式内容大体与化学药品相似。药品名称应包括品名及汉语拼音，适应证项为功能与主治，主要成分应标出主要药味、有效部位或有效成分。复方制剂主要药味应按君、臣、佐、使组方排列。

2. 药品说明书常见的术语解释

（1）化学药品说明书中常见术语

1）药品名称。包括通用名及商品名。药品通用名必须采用国家食品药品监督管理局批准的法定药品名称，并用中文标示。剂型名称应与药典一致。非药典收藏的化学药品，其通用名采用《中国药品通用名称》中所规定的名称。

2）药品成分。单一化学药品应列出化学名称或盐的名称，复方制剂上应列出活性成分及其含量。

3）药代动力学。反映药物在体内吸收、分布、代谢和排泄的规律，并用数学模式

来阐明药物在体内的部位、数量、与时间的变化规律,常用的药代动力学参数如吸收率、生物利用度、血浆蛋白结合率、半衰期等,对临床合理用药有重大指导意义。

4) 药品适应证。即指药品的临床用途,表明该药适用于哪些疾病的防治。绝大多数药物用来治疗疾病(对症治疗、对因治疗),为了用药安全有效,用药选准适应证十分重要。

5) 用法用量。具体的用药方法和用药剂量是说明书中极为重要的内容,是指导病人安全合理用药的关键内容,病人用药必须严格遵守说明书中指定的用法与用量,尤其不可随意增减用量。必须更改时须经医生指导。

6) 不良反应。药物在使用治疗量时也会引起与治疗目的无关的种种反应(如副作用),一般副作用反应轻微,对人体无明显损害。但用量过大或常用量(治疗量)应用时间过长,可引起对人体有严重损害的毒性反应,必须防止药物毒性反应。

7) 禁忌证与注意事项。禁忌证是指该类药品禁止用于某些人或某些病。为安全起见,凡标明禁止用药的人群,必须禁止使用该药。注意事项是指某些药物的吸收或疗效受多种因素的影响,用药时应予以注意。有些药物对人体重要脏器如肝、肾有毒,用时应慎重或用药过程中定期检查(如血常规、肝肾功能)。对可能引起过敏反应的药物应注意其用药过程的反应。

8) 有效期。有效期是药品稳定性和有效性的标志,是药品被批准的使用期限,在有效期的药品,其质量有保证。药品必须在有效期内使用。为了用药有效和安全,不可使用过期药品。

9) 批准文号。为防止假药与劣药危害大众,国家对批准生产的药品均发给批准文号,是药品生产与销售的合法标志。药品销售人员及使用者都必须检查药品是否有批准文号。

(2) 中药说明书中的主要术语

1) 药品名称。包括品名和汉语拼音,品名即通用名。

2) 主要成分。指处方中所含主要味药、有效部位或有效成分。中药复方制剂中的主要味药应按君、臣、佐、使顺序排列,应与功能主治相符。

3) 性状。指药品的外观、质地、嗅、味、溶解度以及物理常数,应按国家药品标准书写。

4) 药理作用。包括药理作用机制(体外试验及动物实验结果)及临床研究相关资料,如缺少有关研究资料,说明书中此项略去。

5) 功能与主治。指药品的主要效用与适应证,其内容应符合各品种国家药品标准的规定。

单元测试题

一、填空题（请将正确的答案填在横线空白处）

1. 药物的基本作用是_____和_____。
2. 药物体内过程包括_____、_____、_____、_____4个过程。
3. 按药品包装在流通领域中的作用可分为_____和_____两种。
4. 药品批准文号中的拼音字母代表含义是：X_____，Z_____，S_____，J_____，F_____。
5. 药品包装上的标志有_____、_____、_____、_____、_____、_____。

二、判断题（下列判断正确的请打"√"，错误的请打"×"）

1. 四环素与碳酸钙、氢氧化铝合用，可增加吸收。（ ）
2. 丙磺舒与青霉素合用，后者排泄减慢，作用增强。（ ）
3. 药品质量标准中的法定标准是国家药典。（ ）
4. 苯巴比妥是药酶抑制剂。（ ）
5. 吗啡易引起身体依赖性。（ ）

三、单项选择题（下列每题的选项中，只有1个是正确的，请将其代号填在横线空白处）

1. 下述说明错误的一项是_____。
   A. 处方药应凭医生处方销售
   B. 非处方药安全，无明显不良反应
   C. 精神药物需特殊管理
   D. 大多数药物是被动转运
   E. 药物治疗作用可分为对症和对因治疗

2. 下列药物归类不正确的是_____。
   A. 硝苯地平是钙拮抗药
   B. 阿司匹林是镇痛药
   C. 肾上腺素是平喘药
   D. 奥美拉唑是抗溃疡病药
   E. 格列本脲是口服降糖药

四、简答题

1. 按药物来源分类，药物可分为几类？试举例说明。
2. 药物不良反应包括哪几类？试举例说明。

3. 简述影响药物作用的主要因素。
4. 试举出4种常用的药物剂型,并简要说明其特点。

单元测试题答案

一、填空题

1. 兴奋　抑制　　2. 吸收　分布　排泄　代谢　　3. 销售包装　储运包装
4. 西药　中药　生物制品　进口原料药生产的制剂　辅料　　5. 药品标签　注册商标　条形码　批准文号　药品批号　药品有效期

二、判断题

1. ×　　2. √　　3. √　　4. ×　　5. √

三、单项选择题

1. B　　2. B

四、简答题

略。

第5单元

安全知识

- 第一节 消防知识/112
- 第二节 安全用电/115

第一节 消防知识

→ 掌握常见灭火器的适用范围和使用方法
→ 熟悉引起火灾的原因和消防工作的基本措施
→ 了解燃烧的条件和种类

一、燃烧的条件

燃烧是有条件的,要发生燃烧,必须同时具备以下3个条件。

1. 要有可燃物质

凡是能在空气、氧气或其他氧化剂中发生燃烧反应的物质,均称为可燃物质,如木材、纸张、汽油、乙醇(酒精)、燃气、钠、镁等。

2. 要有助燃物质

凡是与可燃物相结合能导致燃烧的物质称为助燃物,发生火灾时,主要助燃物是空气中的氧。

3. 火源

火源是可燃物与助燃物发生燃烧反应的能量来源。火源按能量形式可分为热能、光能、电能、机械能、化学能和生物能等。

只有在上述3个条件同时具备的情况下,可燃物质才能发生燃烧,3个条件无论缺少哪个,燃烧都不能发生。

二、火灾的种类

火灾种类根据着火物质及其燃烧特性划分为以下5类。

1. A类火灾

指含碳固体可燃物,如木材、棉、毛、麻、纸张等燃烧的火灾。

2. B类火灾

指甲、乙、丙类液体甲醇、乙醚、丙酮等燃烧的火灾。

3. C 火灾

指可燃气体，如煤气、天然气、甲烷、丙烷、乙炔、氢气等燃烧的火灾。

4. D 类火灾

指可燃金属，如钾、钠、镁、钛、锆、锂、铝镁合金等燃烧的火灾。

5. 带电火灾

指带电物体燃烧的火灾。

三、引起火灾的原因

引起火灾的原因归纳起来有以下几方面：第一，对防火工作重要性缺乏认识，思想麻痹，是发生火灾事故的主要思想根源。第二，对生产工艺、设备防火管理不善是导致发生火灾事故的重要原因。第三，设计不完善，为防火工作留下隐患，是火灾事故的关键根源。第四，对明火、火源、易燃易爆物质控制不严、管理不善，是引起火灾事故的直接原因。第五，防火责任制贯彻不落实，消防组织不健全，不能坚持防火检查，消防器材管理不善及配备工作不落实，是导致火灾蔓延扩大的重要原因。

四、常见灭火器的适用范围和使用方法

1. 二氧化碳灭火器

二氧化碳灭火器内装的二氧化碳灭火剂是一种具有 100 多年历史的灭火剂，价格低廉，获取、制备容易，其主要依靠窒息作用和部分冷却作用灭火。二氧化碳灭火器主要用于扑救贵重设备、档案资料、仪器仪表、600 V 以下电气设备及油类的初起火灾。在使用时，应首先将灭火器提到起火地点，放下灭火器，拔出保险销，一只手握住喇叭筒根部的手柄，另一只手紧握启闭阀的压把。对没有喷射软管的二氧化碳灭火器，应把喇叭筒往上扳 70°～90°。使用时，不能直接用手抓住喇叭筒外壁或金属连接管，防止手被冻伤。在使用二氧化碳灭火器时，在室外使用的，应选择上风方向喷射；在室内窄小空间使用的，灭火后操作者应迅速离开，以防窒息。

2. 干粉灭火器

干粉灭火器内充装的是干粉灭火剂。干粉灭火剂是用于灭火的干燥且易于流动的微细粉末，由具有灭火效能的无机盐和少量的添加剂经干燥、粉碎、混合而成。它是一种在消防中得到广泛应用的灭火剂，且主要用于灭火器中。除扑救金属火灾的专用干粉化学灭火剂外，干粉灭火剂一般分为 BC 干粉灭火剂（碳酸氢钠）和 ABC 干粉（磷酸铵盐）两大类。一是靠干粉中的无机盐的挥发性分解物，与燃烧过程中燃料所产生的自由基或活性基团发生化学抑制和负催化作用，使燃烧的链反应中断而灭火；二是靠干粉的粉末落在可燃物表面外，发生化学反应，并在高温作用下形成一层玻璃状覆盖层，从而隔绝氧，进而窒息灭火。另外，还有部分稀释氧和冷却作用。干粉灭火器可扑灭一般火

灾，还可扑灭油、气等燃烧引起的失火。

干粉灭火器最常用的开启方法为压把法，将灭火器提到距火源3～5 m后，拔去保险销，喷管对准火焰根部，反复压下压把，灭火剂便会喷出灭火。开启干粉灭火棒时，左手握住其中部，将喷嘴对准火焰根部，右手拔掉保险卡，顺时针方向旋转开启旋钮，打开储气瓶，滞时1～4 s，干粉便会喷出灭火。

3. 简易式灭火器

简易式灭火器是近几年开发的轻便型灭火器。它的特点是灭火剂充装量在500 g以下，压力在0.8 MPa以下，而且是一次性使用，不能再充装的小型灭火器。按充入的灭火剂类型分，简易式灭火器有1211灭火器，也称气雾式卤代烷灭火器；简易式干粉灭火器，也称轻便式干粉灭火器；还有简易式空气泡沫灭火器，也称轻便式空气泡沫灭火器。简易式灭火器适于家庭使用，简易式1211灭火器和简易式干粉灭火器可以扑救液化石油气灶及钢瓶上角阀，或煤气灶等处的初起火灾，也能扑救火锅起火和废纸篓等固体可燃物燃烧的火灾。简易式空气泡沫适用于油锅、煤油炉、油灯和蜡烛等引起的初起火灾，也能对固体可燃物燃烧的火进行扑救。

使用简易式灭火器时，手握灭火器筒体上部，大拇指按住开启钮，用力按下即能喷射。在灭液化石油气灶或钢瓶角阀等气体燃烧的初起火灾时，只要对准着火处喷射，火焰熄灭后即将灭火器关闭，以备复燃再用；如灭油锅火应对准火焰根部喷射，并左右晃动直至扑灭火。灭火后应立即关闭煤气开关。或将油锅移离加热炉，防止复燃。用简易式空气泡沫灭油锅火时，喷出的泡沫应对着锅壁，不能直接冲击油面，防止将油冲出油锅，扩大火势。

五、防火工作的基本措施

一切防火措施都是为了防止产生燃烧的条件，防止燃烧条件互相结合、互相作用。根据物质燃烧的原理，防火的基本措施如下。

1. 控制可燃物

可燃物是燃烧过程的物质基础，所以对可燃物质的使用要谨慎小心。在选材时，尽量用难燃或不燃的材料代替可燃材料，如用水泥代替木料建筑房屋，用防火漆浸涂可燃物以提高耐火性能；对于具有火灾、爆炸危险性的厂房，采用抽风或通风方法以降低可燃气体、蒸气和粉尘在空气中的浓度；凡是能发生相互作用的物品，要分开存放等。

2. 隔绝空气

使用易燃易爆物的生产过程应在密封的设备内进行；对有异常危险的生产，可充装惰性气体保护；隔绝空气储存某些化学危险品，如金属钠存于煤油中，黄磷存于水中，二硫化碳用水封闭存放等。

3. 清除火源

如采取隔离火源、控制温度、接地、避雷、安装防爆灯、遮挡阳光等措施，防止可燃物遇明火或温度升高而起火。

4. 阻止火势、爆炸波的蔓延

为阻止火势、爆炸波的蔓延，就要防止新的燃烧条件形成，从而防止火灾扩大，减少火灾损失。具体措施有：在可燃气体管路上安装阻火器、安全水封；机车、轮船、汽车、推土机的排烟和排气系统戴防火帽；在压力容器设备上安装防爆膜、安全阀；在建筑物之间留防火间距、筑防火墙等。

第二节 安全用电

→ 掌握发生触电时的现场急救方法
→ 熟悉安全用电注意事项

一、安全用电注意事项

1. 不要用手去移动运转的电器，如需搬动，应关上开关，并拔去插头。
2. 不要赤手赤脚去修理带电的线路或设备。如需带电修理，应穿鞋并戴手套。
3. 雨季电气设备如不慎浸水，首先应切断电源，即把总开关或熔丝拉开，以防止电气设备漏电而发生事故；其次，如果电气设备已浸水，绝缘受潮的可能性很大，再次使用前，一定要请电工测试是否能用。
4. 请注意移动电器的电源线不要使用护套线、灯头线（花线），电源线应使用绝缘电缆线，中间不得有接头，移动电器的电源插头与电源插座应配套，电气设备的金属外壳应接地。
5. 配电箱中的熔断器其熔丝不得用铜丝代替。否则，当发生电气短路故障时，无法起到保护作用，从而引发更大的故障或电气火灾事故。
6. 配电箱的漏电开关（触保器）是防止触电伤亡的最后一个屏障，因此漏电开关（触保器）不要停运，如投运不上，说明电气设备和线路有故障，应及时找电工修理。
7. 发现电力线断落时，不得靠近，否则有触电的可能。应离开导线和落脚点 8 m 以外，并看守现场，立即报告供电部门处理。

8. 发现有人触电，不要赤手切抓触电人的裸露部位，应尽快断开电源，并按紧急救护法抢救。

9. 用电器具出现异常，要先断开电源开关，再作处理；如果用电器具同时出现冒烟、起火或爆炸情况，不要赤手去断电源，应尽快找电工处理。

二、发生触电时现场急救方法

触电可发生在有电线、电器、电设备的任何场所。触电后会引起人体全身或局部的损伤，损伤轻者可造成痛苦，损伤重者如救治不及时则会很快死亡，因此，触电后应分秒必争，及时抢救。

1. 使伤者尽快脱离电源

如系由灯头、漏电电器设备或电动工具触电时，应立即关闭电门，拔出插头，使电流中断。如遇有人被漏电电线或被刮断、割断的电线击倒时，可用木棍或带木柄的铁器等绝缘工具斩断电源，或者用一切绝缘物体（如带橡皮的手套或橡胶布等不通电的物品）将伤者身上的电线、电器等迅速移开，使伤者首先脱离电源，再立即投入紧急抢救。

2. 人工呼吸

如伤者呼吸、心跳微弱而不规则时，可作胸或背挤压式的人工呼吸；如心跳微弱而呼吸停止时或呼吸微弱而脉搏摸不到时，应进行口对口人工呼吸，同时做胸外心脏挤压按摩。凡触电后立即行人工呼吸者，被救活的希望约为 70%；如果晚做 3 min，被救活的希望只有 20%。所以，对触电者进行人工呼吸必须越快越好，而每次维持的时间不得少于 60～90 min。如果抢救者体力不支时，可轮番换人操作，直到使触电者恢复呼吸心跳或确诊已无生还希望时为止。

3. 胸外挤压

如触电者一开始即心音微弱，或心跳停止，或脉搏短而不规则，应立即做胸外心脏按摩（即挤压）。这对触电时间已久或急救已晚的患者是十分必要的。胸外挤压时，不可用力过猛。每做 4 次心脏按摩，做 1 次人工呼吸，持续至恢复心跳为止。

4. 及时送院

在患者救活后，应将电灼伤的创口用盐水棉球洗净，用凡士林或油纱布（或干净手巾等）包扎好并稍加固定并及时送往医院。

单元测试题

简答题

1. 常用的灭火器有几种？各适用何种情况？

2. 防火工作的基本措施是什么？
3. 发生触电时应如何现场急救？

单元测试题答案

略。